MARY del PRIORE

DO OUTRO LADO

A história do sobrenatural
e do espiritismo

MARY del PRIORE

DO OUTRO LADO

A história do sobrenatural e do espiritismo

Planeta

Preparação: Tulio Kawata
Pesquisa documental e iconográfica: Carlos Milhono
Revisão: Márcia Benjamin / Rinaldo Milesi
Diagramação: SGuerra Design
Capa: Compañía
Imagem de capa: AGE Fotostock © Mary Evans Picture Li
Caderno de imagens: Acervo da Fundação Biblioteca Nacional, com exceção da 2ª imagem da página 15 (Jornal *L'illustration*, França, 1853) e imagem da página 16 (The J. Paul Getty Museum, EUA)

CIP-BRASIL. CATALOGAÇÃO NA PUBLICAÇÃO
SINDICATO NACIONAL DOS EDITORES DE LIVROS, RJ

D375o

Del Priore, Mary, 1952-
Do outro lado / Mary Del Priore. - 1 ed. - São Paulo: Planeta, 2014.
    il.

ISBN 978-85-422-0405-6

1. Espiritismo. 2. Brasil - História. I. Título.

14-14346   CDD: 133.9
                                                  CDD: 133.9

2014
Todos os direitos desta edição reservados à
Editora Planeta do Brasil Ltda.
Rua Padre João Manuel, 100 – 21º andar – cj. 2101 e 2102
Ed. Horsa II – Conj. Nacional – Cerqueira César
01411-901 – São Paulo – SP
www.editoraplaneta.com.br
atendimento@editoraplaneta.com.br

Agradeço a Alex Resende, Eduardo Posidonio, Emerson Giumbelli, Lizir Arcanjo, Paulo Rezzutti, Paulo Viola (*in memoriam*), Pedro Vasquez, Vera Cabana, Vasco Mariz, Thais Martins Lepesteur e sempre, sempre, Carlos Milhono.

Sumário

INTRODUÇÃO

O que há do "outro lado"? Esta não é uma pergunta feita apenas por historiadores. E, sim, pela sociedade. Religiosos, filósofos, antropólogos, médicos, pesquisadores de várias áreas, além de cidadãos comuns, querem saber. Passa-se por um túnel frio e escuro para mergulhar em águas quentes e iluminadas? Voa-se, de forma invisível, sobre o próprio corpo? Seres de luz vêm nos buscar? Nada se sabe, embora se acumulem depoimentos daqueles que voltaram do além. Mesmo com o cérebro aparentemente estacionário, eles foram capazes de ter visões. Os cientistas chamam o fenômeno de EQM: experiência de quase-morte ou *near-death experience,* termo cunhado pelo psiquiatra norte-americano Raymond Moody depois de ter estudado mais de cem casos. Atualmente, sociedades científicas com publicações reconhecidas internacionalmente se debruçam sobre o tema.

Desde sempre se tentou estabelecer um conhecimento sobre o silêncio absoluto que separa o ser e o não ser, o conhecido e o desconhecido, o aqui e o lá, a presença e a não presença, o saber e a ignorância. Nossos antepassados acreditavam na ação dos mortos sobre vivos. Não se tratava de uma "crença" como anacronicamente estamos acostumados a pensar, mas de uma verdade. Hoje, sabemos – mais ou menos – que nossos mortos não vão voltar, não terão nada a nos dizer e que não podemos lhes pedir afeição, proteção ou conselho. Nosso luto não é mais encantado. Não era assim, outrora.

Outrora, o morto continuava vivo no seu túmulo. Recebia as homenagens dos descendentes, imóvel, mas consciente. A sepultura seria apenas outra residência, cela de dormitório, onde aguardaria o despertar no Dia do Juízo e que, por vezes, deixaria para proteger ou informar os vivos, comunicando-se com eles em sonho ou por algum sinal exterior. Sim, o "outro lado" era logo ali. Desde sempre os mortos foram invocados para cuidar dos vivos. São eles que nos acenam, vem soprar informações e trazer recados do além. Muitos de nós queremos ouvi-los, vê-los, se deixar abraçar e por que não, levar... Porém, mais importante do que respostas sobre o que haveria do "outro lado", era a vontade de acreditar. Acreditar que exista outra vida, melhor, mais tranquila. Onde tudo será paz e serenidade. E essa vontade, a de crer, persiste.

A morte e os mortos vem sendo objeto do maior interesse nas sociedades contemporâneas. "Morrer, modo de usar", será em breve uma discussão com várias pautas: eutanásia, morte assistida, morte digna, com liberdade de escolher. E ela vai levar, como num círculo eterno, à mesma pergunta: onde vamos? Se é que vamos.

Além dos mortos, os informantes são aqueles que podem predizer. Predizer é uma dimensão fundamental da vida dos homens. Todos temos um pé no presente e outro no futuro. Viver é antecipar sem cessar, pois nossas ações miram um objetivo lá na frente. Mas, apenas uma parte desse futuro é conhecida. Aquela que nos informa que os dias têm 24 horas, que as estações vão se suceder e a as fases da Lua, também. Mas, e o resto? Do quê será feito o amanhã?

Para sermos eficientes, estarmos a altura dos desafios e tomar as boas decisões precisamos, pois, antecipar. Recorremos a quem pode nos anunciar o futuro: cartomantes, astrólogos, videntes. Para colocar um fim às incertezas, mas, também, para nos assegurar que não somos um joguete nas mãos do acaso. E, sim, de um plano coerente. Da Antiguidade aos nossos dias, desejamos antecipar para garantir o máximo de segurança. E a previsão tem em si um poder mágico de autorrealização. Convencer-se de uma vitória ou de uma derrota, é a melhor maneira de suscitar sua concretização.

O importante ao receber uma mensagem vinda "do outro lado" não é tanto a exatidão da informação, mas seu papel de terapia social ou individual. O que importa não é que a previsão se realize, mas alivie, cure ou convide a agir. Astrólogos, cartomantes, médiuns e videntes agem como médicos da alma. Não é surpresa que, em épocas como a nossa, quando a vida é geradora de angústias, seus endereços se multipliquem.

Mas a mensagem "do outro lado" jamais é neutra. Ela corresponde sempre a uma intenção ou a um medo. Ela exprime um contexto e um estado de espírito. Ela não nos ilumina sobre o futuro, mas reflete o presente. Ela é reveladora das mentalidades de uma época, de uma cultura e de uma sociedade. Excelente razão para conhecer sua história.

1.

COMO TUDO COMEÇOU

VOCÊ ACREDITA EM FANTASMAS?

Você acredita em fantasmas ou em almas do outro mundo? Crê em espíritos ou em mensagens do além? Então ouça esta história:

> Foi no princípio do século XX. Um adolescente assassinou a namorada ao pé da escada de um velho sobrado [...]. Dizem que a menina caiu morta cheia de sangue nos primeiros degraus. Agarrou-se ao corrimão, chamando pela mãe e pedindo água.
>
> O sobrado continua o mesmo. A escada também. E toda noite range como deve ter rangido na noite do crime. Pelo menos é o que asseguram bons e honestos moradores da rua.

Ou esta:

> Pelos fins do século XIX e começos do XX, sólidos e conceituados homens de negócios, membros da Irmandade do Santíssimo Sacramento, se reuniam em sessões de espiritismo que chegaram a ser frequentadas pelos mais ilustres doutores da cidade [do Recife]. Ali se comentavam as respostas de famoso médico, aliás, negro, através de um médium. Respostas de acordo com as terapêuticas da época. Evocava-se com frequência esse doutor negro. Reza a tradição que ele chegou a aparecer à cabeceira de

mais de um doente pobre. Aparecia de cartola e de sobrecasaca como nos seus dias de homem deste mundo. O médico chamava-se Dornelas.

De Dornelas se conta que, ainda vivo, passava certa vez, de sobrecasaca e de cartola, por uma rua fidalga da cidade quando, da varanda de um sobrado opulento, certa Iaiá resolveu zombar do negro metido a sábio e encartolado como qualquer doutor branco. Não encontrou meio mais elegante de manifestar seu desdém pela "petulância do negro" que este: cuspir-lhe sobre a cartola. Pois, naquele tempo, cartola era chapéu de branco e não de negro.

Sentiu Dornelas a cusparada sobre o chapéu. E tirando a cartola ilustre e examinando a cusparada, diz a lenda que concluiu a olho nu: "Coitada da Iaiá! Tuberculosa. Não tem um ano de vida". E antes de findar-se o ano, saía do sobrado fidalgo um caixão azul com o cadáver da moça. Morrera tuberculosa.

Olho mau de negro? Não, diz a lenda: olho clínico. Mas olho clínico iluminado por alguma coisa de sobrenatural. O que fez de Dornelas, no fim da vida, um médico chamado pelos doentes mais graves como se fosse também um negro velho com extraordinários dons africanos de curar males que os doutores brancos e de ciência apenas europeia desconheciam.

Depois de morto, tornou-se um dos espíritos mais invocados nas sessões de espiritismo da cidade.

A voz e as histórias citadas acima são do imortal Gilberto Freyre. Mas todos nós conhecemos inúmeras outras. E isso porque não há sociedade ou cultura na qual esteja ausente a preocupação dos vivos com os mortos, e da participação dos mortos na vida dos vivos. Crenças, individuais ou coletivas, são a chave para a compreensão do mundo e da existência. Compreensão no sentido que tais crenças exigem e investem "no além" – um além necessariamente ligado à existência humana – assim como na sua soberana leitura do universo. Não importa quanto o espírito moderno tenha investido em dicotomizar, ou melhor, em tentar separar a fé de outras formas de existência racional. A necessidade de religião – capaz de, na medida do possível, harmonizar o racional e o irracional – continua, de forma consciente ou subliminar, essencial ao equilíbrio humano.

Crenças são capazes de exprimir a humanidade na sua mais profunda e intensa medida. Passados séculos, muitos desses objetos de fé e convicção continuam aí, jovens, oxigenados, vivos. O que se convencionou chamar de sobrenatural, maravilhoso ou fantástico revela, na realidade, atos de fé. Ninguém procura explicá-los. Eles são recebidos como uma mensagem na qual se lê toda a onipotência e as marcas da intervenção de Deus, ou de deuses, em nosso mundo.

No plano de sua função no interior de uma dada sociedade, as crenças são insubstituíveis. Servem para compensar as vicissitudes da vida quotidiana, acolhendo favoravelmente os desejos mais secretos dos homens, fazendo justiça entre bons e maus e passando avisos e mensagens. No coração do mistério e do silêncio, no seio do diálogo entre o espiritual e o material, tradições específicas fazem florescer mortos e monstros, tornando-se absolutamente verossímeis. E, desde sempre, o sobrenatural teima em voltar do passado para avivar as cores do presente.

A VELA NA ESCURIDÃO

O ano era 1860 e pouco, e a cidade, o Rio de Janeiro, capital da corte imperial. Caía a tarde. Os sinos chamavam para as ave-marias. Nas esquinas, alguns transeuntes se recolhiam diante das imagens em nichos nas paredes. Outros persignavam-se e seguiam em frente. Senhoras saídas da missa benziam-se, desejando a todos os maçons e espiritistas o fogo do inferno. No mar, crescia a lua. Vazios, botes e canoas dançavam na frente do largo do Paço. Os escravos de ganho se reuniam nos zungus para comentar a abertura de uma casa de santo ou um egum visto nas imediações do caminho da Gamboa, onde pedaços de corpos repontavam da terra ou da lama. Tascas e baiucas alimenta-vam, por quatro tostões, quem voltava para casa. À volta de um prato de angu, murmurava-se sobre "luzinhas misteriosas" e o retorno de cativos mortos, injustiçados por seus senhores. Estrelas se confundiam com a luz dos lampiões. O acendedor percorria as ruas cada vez mais escuras e vazias com sua lata de óleo. Diante de cada combustor, pa-rava e enfiava um varapau na fenda da lâmpada. O vento vindo do mar fazia a luz tremular. Vultos cresciam nas paredes. "Profeta! Olha o Diabo! Olha a Cruz!" era o coro dos meninos que o seguiam, brin-cando. Brincando?

No Hotel de France, o restaurante servia os últimos hóspedes. No Arco do Teles, mendigos se dobravam debaixo de panos sujos, com medo do zumbi. Nas docas da praia do Peixe, os animais à venda, pássaros, perus e galinhas, silenciavam. Nas ruas Larga e do Ouvi-dor, os comerciantes fechavam as portas, os caixeiros em mangas de camisa trocavam boas-noites. Emudecia também o barulho da gente pobre vinda do morro do Castelo e do morro de Santo Antônio, que ia buscar água nas 29 bicas de bronze do chafariz.

Nos sobrados, via-se um movimento por trás das janelas. Eram as mulheres que tinham tomado a fresca e, agora, iam rezar. Nos orató-rios domésticos, era tempo de acender as velas e puxar um terço. Vez por outra se ouviam acalantos. As crianças da casa iam dormir com medo de bichos infernais: o caipora ou o lobisomem. O choro mais triste de um deles era sinal de que o papa-figo devorava um malcria-do ou respondão. Nas cozinhas, nos fundos de quintal ou no último andar dos sobrados, as escravas se atarefavam em preparar os pratos da ceia. Comentavam que o negro Manuel caminhava sobre brasas no dia de São João sem sentir dor. Ou que um espelho rachara: sinal de morte na casa. As badaladas das torres das igrejas anunciavam as horas. À meia-noite, ouviam-se nas pedras da rua ruídos de patas de cavalos, de rodas e até a voz áspera do boleiro. Era o carro de alma penada que passava. Quem cruzasse perto da Igreja de Santa Rita ou-viria gemidos, veria almas penadas.

Sobre a mesa, o queijo do reino. Em volta dela, a conversa. A luz das velas e do luar se confundia. Um assunto de predileção era a vidente recém-chegada de Paris. Outro, as visagens, assombrações e histórias de gente que se "envultava" nas encruzilhadas dos caminhos ou perto do cemitério. No silêncio do sono, ouviam-se vozes de crianças que tinham morrido sem batismo a pedir o sacramento. Um dos assuntos preferidos? A religião.

A religião? Um misterioso sentimento misto de terror e de esperança, a simbolização lúgubre ou alegre de um poder que não temos e almejamos ter, o desconhecido avassalador, o equívoco, o medo e a perversidade. O Rio, como todas as cidades nestes tempos de irreverência, tem em cada rua um templo e em cada homem uma crença diversa. Ao ler os grandes diários, imagina a gente que está num país essencialmente católico, onde alguns matemáticos são positivistas. Entretanto, a cidade pulula de religiões. Basta parar em qualquer esquina, interrogar. A diversidade de cultos espantar-vos-á. São *swedenborgianos*, pagãos, fisiólatras, defensores de dogmas exóticos, autores de reformas da vida, reveladores do futuro, amantes do Diabo, descendentes da rainha de Sabá, judeus, cismáticos, espíritas, babalaôs de Lagos, mulheres que respeitam o oceano, todos os cultos, todas as crenças, todos os sustos...

As palavras são de um jovem jornalista que, em 1905, revolucionou a imprensa carioca: João do Rio. Nascia a reportagem e a entrevista que rechearia a série intitulada *As religiões no Rio*. O sucesso das publicações foi tanto que a Editora Garnier as publicou em forma de livro: dez mil exemplares esgotados em pouco tempo! Num texto histórico-informativo, João do Rio descrevia espíritas, cartomantes e até um frei exorcista do morro do Castelo, além de pais de santo, sonâmbulas, endemoninhadas e quantos mais houvesse.

Nesses tempos, as noites eram feitas de sustos, medos, desconhecido. E se enchiam de preces, batuques, cantos, orações murmuradas, evocação de egunguns ou da alma dos mortos. Sair de casa para satisfazer uma necessidade podia levar a um encontro perigoso. A esposa responsável pela morte do detestado marido podia encontrá-lo no leito. Um criminoso jamais estaria seguro de escapar à vingança de sua vítima. E ai de quem não respeitasse a última vontade de um moribundo! O castigo era certo.

Pelas ruas, fantasmas do outro mundo, aparições, mortos-vivos, Satã em pessoa (em geral, vestido de fraque e cartola) representavam o chamado "mistério das crenças". Na praia de Santa Luzia, vozes surdas ofereciam um "ebó a Iemanjá". Azul profundo de dia, o mar, à noite, gemia como se fosse mal-assombrado. O uivo de um cão? Mau agouro. Coruja cantando estava chamando a morte. As borboletas escuras que adejassem nos finais de tarde: bruxas! Encruzilhadas? Eram lugar de aparição do Diabo. Para proteção, melhor seria defumar os quartos com arruda e alecrim verde.

No conto "O espelho", Machado de Assis sintetizou o medo do escuro:

> E então de noite! Não que a noite fosse mais silenciosa. O silêncio era o mesmo que de dia. Mas a noite era a sombra, era a solidão ainda mais estreita ou larga. *Tic-tac, tic-tac*. Ninguém nas salas, na varanda, nos corredores, no terreiro, ninguém, em parte nenhuma [...] Tinha uma sensação inexplicável. Era como um defunto andando...

E nossos tataravós acreditavam nessas histórias? Tudo indica que sim. A palavra "crer" é um verdadeiro fóssil morfológico, significando confiar no que se diz, acreditar em alguém ou alguma coisa. Crer significava estabelecer um contrato, na certeza de que a fidelidade ou a fé empregada em alguma coisa seria recuperada. É um entrelaçamento de doações e dívidas. Sim, nossos antepassados confiavam. Tinham necessidade de sonhar, para o bem ou para o mal. De adivinhar as linhas do futuro. De curar seus males físicos por meios milagrosos.

Enquanto eles acreditavam, o Império brasileiro declinava, e seu imobilismo alimentava o desejo de alterações. Palavras novas estavam nos ares: república, abolição, progresso, ciência. Todas prometiam um futuro radioso. A história se acelerava. Mudanças, porém, inspiravam receios. Nesse quadro, o sobrenatural teria um papel fundamental. Cada grupo da sociedade encontraria em suas crenças a perspectiva de um futuro sereno, digno de motivar as ações do presente. Cada um poderia imaginar um mundo melhor, e daí o sucesso de cartomantes, videntes e adivinhos.

Por outro lado, na corte, a ascensão das classes médias e sua laicização reforçavam o interesse em métodos de previsão que tivessem um aspecto científico. Os jornais multiplicavam notícias de fenômenos fantásticos, e, enquanto as elites preferiam estudar para compreender "racionalmente" o que acontecia, a cultura popular mantinha a magia viva. Daí que, na corte do Rio de Janeiro, o além, os espíritos e o sobrenatural agitaram o século XIX, menos predizendo o futuro, e mais oferecendo alívio e conforto aos que neles acreditavam.

QUANDO OS MORTOS GOVERNAVAM OS VIVOS...

Paris, fim do império de Napoleão III. Entre a Pont-Neuf e o *faubourg* Saint-Germain, a polícia perseguia cartomantes. Astrólogos distribuíam debaixo do pano cartões com o endereço de seus consultórios. Livros ensinando a prever o futuro eram oferecidos pelos *bouquinistes* nos cais do rio Sena. O prefeito proibira previsões sobre grandes personagens políticos, que acabavam vazando para os jornais, criando escândalos. O enterro da vidente Madame Lenormand levou milhares de pessoas às ruas. Adorado pelos franceses, o escritor Chateaubriand, idoso e pessimista, previa que a capacidade intelectual, empurrada pelas máquinas, reduziria os valores morais e enfraqueceria a religião. Para ele, inquietação e futuro eram sinônimos. Os bulevares mundanos empurravam a miséria para baixo do tapete. A Cidade Luz tinha seu avesso: o desequilíbrio e a morte. A guerra e as rebeliões permitiam a

Anatole France afirmar: "O mal não é viver. É saber que se está vivo". Que Deus poderia salvar a humanidade?

Outras localidades: Hamburgo, Rio de Janeiro, Nova York, Salvador, Paris. O que haveria em comum entre essas cidades, na década de 1860? Em algum lugar, numa sala escura de venezianas cerradas, um grupo de pessoas tentava falar com os mortos. Na luz bruxuleante, uma mesa redonda. Todos de mãos-dadas. Em silêncio, a batida dos corações acelerava. O suor na testa revelava que uma dose de angústia, medo e curiosidade era assim injetada nas veias. Depois de uma oração em voz baixa, mãos se estendiam em direção às letras espalhadas em círculo. No centro, um copo ou um triângulo de madeira. Alguém elevava a voz, perguntando: "Há alguém aí?". Silêncio. E de novo: "Há alguém aí?". Figuras solenes cercadas de luz pálida eram aguardadas. Supostamente, elas abordariam e consolariam os presentes, deixando-os, depois, em lágrimas. Trariam informações do outro lado. Notícias de entes queridos, parentes, até mesmo recados de desconhecidos.

Assistia-se, então, à formação de um pequeno mundo. Seus habitantes eram os membros de uma nebulosa que acreditava em práticas magnético-espiritualistas. Era composta de aristocratas, burgueses e simples operários. Sua unidade era de ordem psicológica e espiritual. O grupo reunia, sobretudo, não conformistas, insatisfeitos com as verdades oficiais, fossem elas religiosas ou filosóficas. O catolicismo decadente dava lugar ao misticismo. E, nesse pequeno mundo, pesquisas sobre o sobrenatural levariam a novas descobertas.

Tempos estranhos esses, em que as ciências tinham introduzido tantas conquistas – a eletricidade, a química, a ótica –, mas em que o desejo das pessoas era um só: abordar um universo maravilhoso, onde tempo e espaço não existissem. Onde se pudesse ver os espíritos e fantasmas e falar com eles. O prazer que se tinha nas "histórias de espíritos", diziam os cientistas, vinha de um resto de dúvida sobre sua existência. Mas, sobretudo, de um secreto desejo de que fossem verdadeiras. E tanto mais o futuro parecia sombrio, maior o número dos crédulos ou crentes que buscavam esclarecer suas dúvidas e encontrar coragem nas comunicações com o outro lado.

A relação entre esse mundo e o outro era também aquela entre o passado dos mortos e o futuro dos vivos. Os mortos podiam predizer o que aconteceria. Assim como cabia aos vivos proporcionar-lhes um lugar sobrenatural – cemitérios, fotografias, tumbas –, onde pudessem viver como seres do além; caberia, em contrapartida, aos mortos tomar os vivos pela mão e levá-los à terra dos ancestrais. Só eles conheciam os caminhos.

Mas por que tanto empenho em falar com os mortos e crer no sobrenatural? O século XIX era melancólico. E a melancolia era uma reação de espíritos superiores, intelectuais e artistas, diante de uma época caracterizada pelo progresso científico e por descobrimentos. Mas também marcada pela soberba produção artística, pela ânsia de lucro e de prazer, pela especulação financeira. A religião perdia sua supremacia. Confiante em sua inteligência superior, os indivíduos pareciam acreditar que a ciência havia aniquilado o fantástico.

Mas não. Apesar do burburinho e do crescimento da vida urbana, a imaginação de nossos antepassados parecia envolta por criaturas de um mundo subterrâneo. Como diria Victor Hugo, um dos maiores escritores da época, "alguma coisa horrenda rastejava confusamente". Do fim do mundo, surgiam seres e criaturas que abafavam o espaço mental, a literatura e a pintura. A morte submergia o Ocidente, e silhuetas tão ameaçadoras quanto familiares invadiam o cotidiano. O que devia ser inanimado se animava. A crença na separação entre o mundo dos vivos e o dos mortos, que o iluminismo tentou enterrar, se fissurava. Os defuntos falavam. Sim, pois eles apenas dormiam, sonhando. E, quando acordados, se comunicavam com os vivos. E a revolução técnica e de ideias os despertou. O tempo da modernidade e do relógio, em que tudo passava rapidamente, cruzava o tempo mágico do infinito, no qual tudo podia retornar. Eles inclusive.

Nossa língua tem inúmeros termos para designar essas presenças inquietantes, muitas vezes usados como sinônimos, embora suas histórias sejam diferentes. Todo mundo conhece "fantasma", que evoca ilusão e fantasmagoria. Já a palavra "espectro" se liga a uma imagem de medo e horror, pois ele é o cadáver em decomposição. Sua gargalhada se ouve ao longe. Depois há "sombra", termo poético que remete à dissolução do corpo no momento da morte. Existe "larva", vocábulo romano que remetia, na época, aos que tinham dificuldade em dormir o sono eterno. Ou o "morto-vivo" e a "alma do outro mundo", que explicam o retorno de um defunto. Há também "espírito", palavra vaga que exprime as perplexidades humanas diante das manifestações inexplicadas e interpretadas pela parapsicologia. Exemplo: "Espírito, estás presente?".

O regresso dos mortos foi atiçado pela emergência de novas técnicas de comunicação. Acreditava-se, e o inventor Thomas Edison foi um dos primeiros, que o rádio e a telegrafia colocavam em contato o mundo visível e o invisível. O telégrafo elétrico, cuja linha fora estabelecida nos Estados Unidos por Samuel Morse, em 1844, incentivou que o fenômeno fosse batizado de "telégrafo espiritual". O escritor Coelho Neto, por exemplo, criou telefones que permitiam a comunicação entre vivos e mortos. O conde d'Eu, marido da princesa Isabel, ao ouvir pela primeira vez um gramofone, acreditou estar ouvindo vozes do outro mundo. E, em seu *Livro dos médiuns*, Allan Kardec confirmaria:

> Nós (os espíritos) agimos sobre o médium como o empregado do telégrafo sobre seu aparelho; quer dizer que da mesma forma que o *tac-tac* do telégrafo desenha a milhares de léguas, sobre um pedaço de papel, os signos reprodutores da mensagem, da mesma forma nós comunicamos através de incomensuráveis distâncias que separam o mundo visível do invisível [...] o que queremos vos ensinar por meio do aparelho medianímico.

O mundo subterrâneo habitado por múmias, corpos mortos que um dia portaram a vida, e que a arqueologia e a paleontologia começavam a arrancar das profundezas, invadia a literatura. Era sucesso de vendas o livro *As catacumbas de Roma*. Uma cabeça de guerreiro mumificada em meio a relíquias vindas de Herculano e Pompeia, múmias indígenas encontradas em Minas Gerais e o sarcófago doado pelo vice-rei do Egito faziam parte do gabinete de raridades do imperador dom Pedro II. Ossos de homens e animais revelavam o segredo de criaturas desaparecidas que agora voltavam à superfície. Tudo parecia retornar à vida...

Ao chegar a Lagoa Santa, em Minas Gerais, o dinamarquês Peter Lund, conhecido paleontólogo, assim a descreveu, entre maravilhado e horrorizado:

> Com um arrepio secreto, adentrei a primeira dessas grutas místicas; tudo o que me cercava dirigia-se a mim em um idioma estranho; por todo o lado eu via os traços de acontecimentos horríveis que fecharam o capítulo anterior da história da evolução do globo terrestre e, não sem horror, contemplei as infelizes vítimas da grande cena de sofrimento, cujos ossos jaziam aos milhares, espalhados aos meus pés. Uma voz secreta logo me disse que esses monstros não pertenciam ao mundo próximo; mal ousei, com as mãos trêmulas, tocar esses santuários da natureza e levou um longo tempo antes que, finalmente, com a mais ansiosa das expectativas, eu partisse para o penoso trabalho de tentar decifrar esses veneráveis hieróglifos.

Ossos que contavam histórias como uma escritura feita de misticismo, beleza e horror; tudo se banhava no caldo fascinante do romantismo. Para Lund, as grutas eram "as casas das fadas subterrâneas", "místicos cemitérios de um mundo desaparecido". Ele se sentia aprisionado ao lugar por "forças mágicas". A nostalgia do passado, de um mundo perdido, acionava a máquina do tempo. A literatura se apropriava dessas representações: fadas, mortos-vivos, fantasmas de toda a sorte emergiam em novelas e romances.

O imaginário do encantamento não se limitou à arqueologia. Apropriou-se de episódios históricos. O inglês John Gardner, de passagem pelo baixo São Francisco em 1838, deu notícia de um lugar cercado de mata chamado Pedra Bonita. Um morador reuniu o povo para dar notícia da existência, em meio aos rochedos, de um reino encantado. Dele romperia o rei dom Sebastião com grande exército para libertar o povo da miséria e da pobreza. Todos seriam iguais, ricos e imortais. Até os pretos ficariam "brancos como a lua". Depois de quatro dias de lutas entre os dois grupos, que terminou num banho de sangue, a força policial desbaratou os fanáticos. Fanáticos ou apenas gente que acreditava numa vida melhor e em outro mundo?

Essa era uma época sombria e cheia de ansiedades. Uma crise atravessava o Ocidente. A tensão se instalara nas doutrinas religiosas, pois se aboliram os preconceitos e as perseguições. A ciência se tornou uma aliada poderosa, investigando fenômenos e lançando novas bases para pensar qualquer coisa. Muitos intelectuais viam nas "convulsões do tempo" as primeiras dores de um novo parto. Os fenômenos vividos por "espíritos", estes, sim, trariam renovação. Eles anunciavam um movimento espiritual, científico e filosófico baseado na relação com a morte, no contato sistemático com os mortos, nas manifestações dos espíritos e nos ensinamentos por eles transmitidos. Surgia, então, o nervoso ou a nervosa, adjetivo que identificava aqueles cuja excessiva sensibilidade se prestava a experiências sobrenaturais. Os velhos remédios para o tédio, a tristeza e o peso dos acontecimentos perdiam sua virtude terapêutica. E as obsessões, alienações e crises de melancolia seriam a razão para se prestar a novos tratamentos: magnetismo, sonambulismo, espiritismo...

TREVAS E LUZES

Um pouco antes de mergulhar em melancolia, a Europa do início do século XIX parecia consagrar o triunfo de uma burguesia marcadamente racionalista. Filósofos iluministas como Voltaire ou Diderot atacaram a Igreja, a Coroa e a ordem social tentando alterar formas de pensar e mentalidades. Só a razão afastaria os homens de toda a superstição e os curaria da atração que os mistérios exerciam. Era preciso deixar para trás o que consideravam "as trevas da Idade Média". Apenas a ignorância, o fanatismo, o medo ou o ódio justificariam a "fraqueza" de crer no sobrenatural.

Mas, curiosamente, até Paris, cidade cética e berço de todas as conquistas do espírito e das revoluções políticas, continuava tão adepta de feiticeiros, aparições e fenômenos sobrenaturais quanto os mais longínquos vilarejos rurais. A razão causava tédio. Melhor era acreditar. E acreditar que noites de lua cheia eram o palco para espectros, vampiros, lobisomens e demônios variados. Enquanto Napoleão Bonaparte conquistava a Europa e expulsava a família de Bragança do trono em Portugal, Satã dava as cartas. Aliás, o próprio Napoleão e sua esposa Josefina eram adeptos de cartomantes, videntes e acreditavam no sobrenatural.

Nessa época, a literatura do mundo ocidental desenhava personagens envolvidos com necromancia, espíritos infernais e sombras. Tais imagens alimentavam também o movimento do romantismo nas artes. A cara severa dos filósofos não intimidou os adoradores do fantástico. Inúmeras lojas maçônicas praticavam rituais de magia enquanto se espalhava pelo norte da Europa as bases para o imaginário espiritualista que dominaria o século XIX. Esse movimento teve por inspirador o místico sueco Emanuel Swedenborg. Engenheiro, autor de inúmeras invenções, homem piedoso e fascinado por fenômenos psíquicos, Swedenborg mergulhava em estados hipnóticos dos quais emergia contando visões. Ele afirmava ter viajado a outros planos e dimensões espirituais, conversando com espíritos, visitando os mundos do além, conhecendo o que acontecia após a morte. Depois dessas experiências, Swedenborg construiu uma nova doutrina sobre os mortos e seu destino espiritual. Como explicou:

> Pela divina misericórdia do Senhor, foi-me permitido, desde há muitos anos, estar constantemente em companhia de anjos e espíritos, ouvi-los falar e falar com eles. Deste modo foi-me

permitido ver e ouvir coisas maravilhosas na outra vida, as quais nunca antes chegaram a conhecimento de homem algum, nem nunca passaram pela mente humana. Fui informado a respeito de diferentes classes de espíritos, os estados da alma após a morte, o inferno, ou seja, o estado lamentável dos infiéis; o céu, ou seja, o estado bem-aventurado dos fiéis.

Em sua obra, *Arcanos celestes,* na qual transcreveu conversas com moradores do além, Swedenborg preparou o terreno para o que viria a ser chamado de espiritismo. Segundo ele, o mundo espiritual era formado por esferas diferentes, para onde iam os espíritos de acordo com sua luminosidade. O resultado de sua condição após a morte era decorrência dos atos realizados durante a vida. De nada adiantava arrepender-se de maldades na última hora! Os anjos eram almas mais evoluídas, e os demônios, seres humanos espiritualmente atrasados.

O céu, lá no alto, só podia ser atingido por estreita passagem. Em meio a cavernas fétidas e tenebrosas erguia-se o inferno, ele também fechado. Suas fendas eram severamente vigiadas para que nada escapasse. Havia uma terceira dimensão: o mundo dos espíritos, habitado pela maior parte das almas dos mortos, cujas características humanas eram conservadas. O pensamento de Swedenborg influenciaria as correntes que começavam a engrossar com a chegada de movimentos espiritualistas norte-americanos e, depois, o espiritismo.

Enquanto isso, a imprensa francesa se encarregava de contar as múltiplas aparições que tomavam conta das cidades. Escritores românticos como Chateaubriand, Victor Hugo e Alexandre Dumas, muito conhecidos dos leitores brasileiros, introduziram na literatura as névoas propícias ao aparecimento de fantasmas, um universo de sonhos e a melancolia favorável ao sobrenatural.

Nessa cena, também emergiram os magnetizadores. Em 1813, a publicação de *História do magnetismo animal*, de Joseph François Deleuze, divulgou a existência de fluidos que podiam ser dirigidos pela vontade do magnetizador ou por passes de mãos. Havia quem justificasse o fenômeno pela existência de espíritos ou de almas dentro dos fluidos. Os sábios membros das academias de ciências começavam a se interessar pelo assunto. Um famoso médico e professor da Faculdade de Paris abriu ao público cursos sobre magnetismo. O auditório na rua do Oratório, 13, em Paris, ficava lotado. Os hospitais se interessavam por experiências que eram realizadas com doentes. Os céticos se convertiam ou tinham suas convicções abaladas. Os magnetizados podiam ser operados sem dor, caíam em sono profundo e, em estado de sonambulismo, previam o futuro.

O sucesso foi tão grande que magnetizadores passaram a se exibir em teatros na França. Era de senso comum que, se usado com finalidade útil, o dom era um presente de Deus. O abade Faria, magnetizador português, realizava sessões pagas em que adormecia as pessoas e as fazia obedecer. Gabava-se de ter magnetizado cinco mil pessoas. Foi apelidado de "o inimigo do repouso".

Mas o magnetismo passou a incomodar quando, adormecidos, os indivíduos se tornavam mediadores do mal. Acontecia, sim. O Demônio acusava sua presença quando o possuído falava em terceira pessoa, quando os ignorantes empregavam termos técnicos ou falavam línguas estrangeiras ou, ainda, quando a voz de fina passava a grossa. Alguns se erguiam nos ares ou eram tomados por violentas convulsões. Os médicos anotavam a presença de uma potência invisível, distinta e separada do "eu", podendo agir sobre o corpo dos magnetizados.

A Igreja reagiu. Para a maior parte dos autores católicos, o magnetismo era obra do Diabo. Era uma forma de possessão. Ela via nos toques ou imposição de mãos um parentesco com os sinais de reconhecimento da maçonaria. E como os maçons eram considerados afiliados a Satã, por que não os magnetizadores? Vários deles se desculpavam pelo transe, justificando que os fluidos não agiam por suas vontades, mas sim por encantamentos.

Muitos intelectuais, como Alexandre Dumas e Alexis Didier, acreditavam no chamado "magnetismo angélico". Segundo eles, tal magnetismo provava a existência da alma e guiava o homem no caminho da fé. Ao suspender a ação da carne sobre o espírito, graças ao sono no qual os magnetizados mergulhavam, os olhos do ser interior enxergavam aquilo que não se via normalmente. Esse magnetismo seduziu os que se diziam capazes de magnetizar por meio de orações ou do pensamento positivo.

Mas foi certo Louis-Alphonse Cahagnet, operário pobre, magnetizador espiritualista, impregnado da doutrina de Swedenborg, quem abriu as portas para o outro lado. Ele confirmava: magnetizados falavam com os mortos. Seu livro, *Arcanos da vida futura desvendados* (1854), apresentava um além tranquilo e familiar como se encontrará, um pouco mais tarde, no espiritismo. Nele, pais e filhos se reencontravam, amantes se abraçavam ternamente, fazia-se música, os mortos tinham acesso a livros que discutiam os mistérios de Deus e das ciências.

O próprio Cahagnet teria conversado sobre medicina com Hipócrates, sobre astronomia com Galileu, Franklin lhe passara o protótipo de uma máquina elétrica e Swedenborg, ele mesmo, lhe falara das atribulações de sua alma e prometeu que seus livros seriam publicados em breve. Acertou!

Esses primeiros contatos com o outro lado já anunciavam o espiritismo. Nos anos 1850, as mesas volantes invadiram a Europa ocidental. Os sonâmbulos magnetizados deram lugar aos médiuns. Todas as hipóteses que tinham sido formuladas pelo magnetismo se aplicaram ao espiritismo: tratava-se de um fluido elétrico, universal? De espíritos bons ou ruins? Do Diabo em pessoa? O que contavam os mortos sobre o outro lado?

VIZINHOS PECULIARES...

Ouvir falar de espíritos não é nenhuma novidade, pois a coisa vem de longe. Há séculos conversamos com o outro lado. Há tempos queremos ouvir nossos mortos. Extrair deles uma informação. E tudo começou lá atrás. Entre os judeus dos tempos bíblicos, prevalecia a ideia de um destino indiferenciado dos mortos no mundo do *Sheol*: "tumba comum da humanidade". Foi a partir do século II de nossa era que surgiu a crença na ressurreição e no julgamento no fim dos tempos. O sombrio *Sheol* se tornava assim um lugar de espera provisória. Uma parada antes do inferno ou do céu. Depois da morte, os justos ganhariam o reino dos céus e os pecadores a *Geéna*, ou vale dos Gemidos. Retornos e aparições? Sobre eles, apenas uma referência na Bíblia: a pitonisa de Endor fez aparecer diante de Saul o espectro de Samuel. O judaísmo condenava a ideia de entrar em contato com os mortos ou de interrogá-los e invocá-los. Consequências? A ira de Deus.

No Novo Testamento, a proibição do contato com os mortos é menos categórica. Embora haja certa reticência em frases do tipo "Deixai os mortos enterrarem os mortos", Jesus ressuscitou uma menina e também Lázaro. Era o prenúncio de sua própria ressurreição – cercada, aliás, de medo e terror: os guardas do túmulo fugiram apavorados. No Evangelho de Nicodemos, também conhecido como Atos de Pilatos, o mundo dos mortos é apresentado como uma cidade subterrânea e escura, com portas fortificadas e pesados gonzos. Quase uma prisão. Mas uma prisão permeável, da qual Cristo, quando o deseja, pode liberar o vaivém de alguns.

Alto e baixo se opunham: em cima, o céu; embaixo, o inferno. Acima, luz; abaixo, trevas. Diferentemente do *Sheol* judaico, o cristianismo imaginou um inferno povoado de demônios e regido por um maestro. Deus criou um personagem que, bem entendido, inventado e dominado por Ele, era o Príncipe do Mal e governador das profundezas.

O culto dos santos, que se propagou entre os séculos III e IV, firmou outra ideia: a de que era importante substituir o culto dos mortos, vindo da Antiguidade, pelo dos santos. Antes, a intimidade entre mortos e vivos era total: colocava-se comida e bebida sobre as tumbas; festejava-se a passagem para o além com danças; uma pedra na laje impedia o defunto de voltar e estar perto dos parentes. Mas o culto aos santos se apropriou da crença na comunicação entre o mundo real e o outro mundo e substituiu a intimidade com o morto familiar pela oração ao santo distante.

A ideia era de que só os santos ligassem os homens a um distante e quase inacessível Deus. Apenas eles ofereceriam proteção e conforto contra o medo e a insegurança. Apenas eles poderiam interceder como advogados das causas humanas. Nascia, portanto, uma mediação entre os dois mundos, graças exclusivamente a esses amigos invisíveis. E não mais aos mortos.

No entanto, as duas formas de encarar a relação entre vivos e mortos subsistiram. Segundo um modelo herdado da Antiguidade, os vivos deveriam cuidar dos seus mortos e vice-versa. Segundo um modelo eclesiástico, definido por santo Agostinho, o conjunto da comunidade cristã deveria rezar por seus fiéis defuntos. No primeiro caso, o culto consolidava tradições velhíssimas. No segundo, ele modelava a crença na qual apenas os santos podiam cuidar dos vivos.

No século XIII, uma novidade: a invenção da ideia de purgatório permitiu aos mortos, até então tranquilos, achar um caminho para vir pedir orações e sufrágios aos vivos. Considerada a antecâmara do céu, era para lá que a maior parte dos fiéis queria ir. "Purgavam-se" os pecados num caminho em que se via a luz celestial no final do túnel. E isso graças ao poeta Dante Alighieri, que pintou esse paraíso intermediário como uma montanha que levava ao alto, à luz e ao ar puro. Antes, era um rio de fogo que escapava da boca imensa de um dragão, segundo São Paulo. A passagem entre um mundo e outro ficou, então, maior. Mais frágil também, pois era nesse caminho que atuavam os demônios. Eles invadiam corpos, possuíam cadáveres, transformavam as pessoas boas em más.

Na concepção cristã, o purgatório era, igualmente, a morada dos mortos que não repousavam em paz. Eram tidos por almas penadas ou danadas, o oposto das boas, sempre belas e resplandecentes. Criaram-se categorias para os mortos-vivos: havia os recalcitrantes, que eram levados ao túmulo contra a vontade. E os que voltavam e o faziam para ajudar os vivos. Ou ainda os invocados pela necromancia, nome dado à arte de adivinhar o futuro por meio dos defuntos.

O "pai" dessas criaturas foi o já citado santo Agostinho. Num opúsculo denominado *Cuidados com os mortos*, redigido entre os anos de 421 e 424, ele tratou das aparições dessas criaturas, capazes de brotar em sonhos, mandar mensagens e reclamar sepulturas adequadas. Sua interpretação sobre eles era simples: se existiam, era por obra divina. Quanto às aparições, tratava-se de anjos que transmitiam mensagens por meio dos mortos. Ele não duvidava da existência de almas do outro mundo e de seu poder de deslocamento. Somente que, explicava, elas vêm e vão com licença divina. E recomendava: o mais importante não era querer fazer perguntas muito complicadas. Mas meditar sobre os mandamentos do Senhor.

Na Idade Média, fantasmas e almas do outro mundo começaram a registrar sua existência. Cronistas da Igreja não hesitavam em comentar que os cadáveres saíam de sua sepultura, passeavam à vontade e, depois, voltavam aos túmulos que abriam com as próprias mãos. Montavam a milhares os testemunhos de tais fatos. Ao competir com os santos, defuntos ganhavam outra característica: a de fazer milagres, sobretudo por quem rezasse por eles. Além do mais, manifestavam-se aos vivos de diversas formas: por meio de sonhos e visões, na forma de fantasmas ou de mortos-vivos.

A Igreja não gostou. Para muitos teólogos, isso não passava de uma armação do Demônio. Belzebu era capaz de criar alucinações. Sempre com autorização de Deus, é lógico, e apenas para testar os homens. A Igreja empurrava os fenômenos paranormais para o território da ilusão ou dos sonhos. Para as pessoas, porém, fantasmas existiam. Acreditava-se neles, sabia-se o que significavam. Eram silenciosos. Só articulavam para pedir orações. Por vezes, mostravam-se tão reais que era preciso provar com quem se estava falando. Confirmava-se isso por um teste: eles não aceitavam alimentos.

Os mortos-vivos e as almas do outro mundo tinham consistência e três dimensões, por isso era difícil taxá-los de sonho ou ilusão. Apareciam em carne e osso e, quando tocados – segundo alguns clérigos –, tinha-se a impressão de mergulhar os dedos em matéria fantástica. Apresentavam as características e a aparência que tiveram no momento do trespasse. Se vestidos com um sudário diáfano e branco, eram bons. Se negro, maus. Se voltavam para fazer o bem, a roupa ia clareando na medida das boas ações. Mas também podiam ser mortais e perigosos. Quando chamavam as pessoas pelo nome, elas caíam doentes e depois morriam. Traziam a peste consigo. Não gostavam de viajar e apareciam sempre perto de suas casas.

Mas sua mais impressionante característica era o barulho. Provocavam sons metálicos de martelos, correntes, sinos e armas. Imitavam os animais relinchando, mugindo, ganindo. Seus ruídos mais humanos eram gritos e gargalhadas que geravam tumultos e pateadas. Tais sons se reproduziam, sobretudo, em lugares habitados. Depois no campo ou nas florestas. O horário? Antes de o galo cantar. Os sons substituíam a palavra, eram uma forma de chamar a atenção. Afinal, a privação da linguagem era um castigo e, quanto maior o pecado, mais fortes os gritos e as batidas nas paredes. Eles usavam tudo que indicasse que estavam ali e continuavam a viver não muito longe de nós.

Quando insistiam em suas maldades, os túmulos eram abertos, os corpos queimados, os corações arrancados ou trespassados com paus de ponta. Nascia na época a crença naqueles que mais tarde chamaríamos "vampiros". Já a Igreja insistia em métodos menos violentos. Incensar o túmulo antes do enterro, aspergir água benta no corpo, enterrar em terra consagrada, erigir uma cruz, exorcizar os mortos-vivos.

O oposto do mau morto era aquele que morria na boa hora e era apreciado quando vivo. Ele se transformava no ancestral encarregado de zelar por sua família. De volta a Deus, serviria de mediador entre Ele e os homens. Se voltasse, era porque estava descontente com seus descendentes, porque não respeitavam os antigos costumes. Ou para lhes dar conselhos e extraí-los de má situação. Então, ameaçava, castigava ou indicava o que deveriam fazer. Aparecia como guardião da moral, da ordem e da prosperidade.

Em 1600, já se publicavam ensaios sobre a questão. Por exemplo, o *Tratado da aparição de espíritos*, da autoria de certo Nicolas Taillepied, ou *Discurso de espectros, ou visões e aparições*, de Pierre Le Loyer, de 1608. Em 1751, dom Augustin Calmet, abade beneditino, publicou a *Dissertação sobre mortos-vivos* para provar que, "em todos os tempos e nações, a aparição de mortos autentificava a existência da vida eterna e da imortalidade da alma". Tudo isso ajudou a construir uma crença: a de que os mortos nunca estavam totalmente mortos. E, para muitos, assim seria por muito tempo e – por que não? – até hoje...

Sexo e morte à meia-noite

Na época em que se publicaram os primeiros tratados sobre os espíritos, sexualidade e morte se aproximaram. Na pintura, a morte arrebatava donzelas com carinhos sensuais. Na escultura, belíssimos corpos femininos convidavam os passantes a dormir com eles... para sempre. O teatro multiplicou cenas em cemitérios e túmulos. Contavam-se histórias sobre monges que copulavam com belas jovens mortas. A então chamada "galanteria" invadiu o além.

Outro tema era o da morbidez, definida como o gosto mais ou menos sinistro pelo espetáculo físico da morte. O corpo morto e nu se tornou objeto de curiosidade científica e de prazer mórbido. Ciência e arte se deram as mãos. O cadáver virou personagem de lições de anatomia na vida real e na pintura. As cores de sua decomposição – verde e cinza – iriam inspirar pintores famosos. Nos túmulos, belas mulheres nuas com vestes transparentes passaram a substituir a tradicional imagem da caveira comida por vermes ou de anjos com os olhos virados para o céu. Agora, não se viam mais esqueletos, mas seios e nádegas suavemente cobertos. Nos cemitérios, lustres e enfeites eram compostos com pequenos ossos.

E quem se interessou pelo assunto? Os intelectuais e estudantes. A boêmia literária, que nasceu graças ao surgimento das faculdades de Direito em São Paulo e Recife, animou os estudantes. Eles viviam livremente em repúblicas, longe da família e mergulhados em muita literatura romântica. O poeta e lorde Byron era a grande inspiração. A tradução de seu poema *Lara* veio na pena de Tibúrcio António

Craveiro, que viveu na corte entre 1825 e 1843. Por trás da aparência respeitável de um professor do Colégio Pedro II, se dissimulava uma vida de orgias e bizarrices. Sua casa era decorada com aparelhos de tortura, múmias e gravuras macabras. As paredes, borrifadas de sangue. A iluminação era garantida por velas pretas e vermelhas, como as que os condenados do Santo Ofício empunhavam a caminho da fogueira. Ele escrevia sobre uma lousa de mármore negro que, diziam, fora retirada da sepultura de uma donzela.

Outro byroniano foi o conde Tierry von Hogendorp, ex-general das tropas napoleônicas que se refugiou em Cosme Velho ao pé do Corcovado, no Rio de Janeiro. Dormia num quarto de paredes negras, com caveiras e tíbias cruzadas, esqueletos em branco representando a dança macabra: aquela em que a morte puxava pela mão um cordão de condenados. Sua cama era um ataúde.

Em 1845, em São Paulo, estudantes criaram a Sociedade Epicureia enquanto, no Recife, nascia a Filopança. Ambas promoviam orgias de inspiração byroniana. Na primeira, pontificavam Bernardo Guimarães e Álvares de Azevedo. Nas farras realizadas no bairro paulistano da Chácara dos Ingleses – não à toa, Byron era nascido em Londres –, copiavam-se os personagens satânicos do poeta. Paredes cobertas de tapetes negros e decoradas com emblemas fúnebres e camas colocadas em catafalcos, entre círios, recebiam prostitutas conhecidas na praça, como Ana Bela, Tudinha do Inferno ou Marocas Peido Roxo.

Certa eleição de uma "Rainha dos Mortos", em plena epidemia de febre amarela que grassava na cidade, terminou mal. Os estudantes resolveram desafiar a dama de branco e percorreram os cemitérios se divertindo em saltar sobre tumbas ou violá-las. Resolveram também ir buscar uma prostituta para encarnar a morte. A escolhida foi enfiada aos gritos de pavor num caixão e levada ao som de cantochões para o cemitério. Lá chegando, um estudante, cujo apelido era Satã, abriu o ataúde para possuí-la conforme os rituais macabros. Um grito e um susto: "Morta. Está morta!". A mulher morrera de terror. Abriu-se um inquérito, nunca solucionado, pois envolvia filhos de famílias influentes.

Mas sem assombros, por favor! Cemitérios eram espaços sociais dignos de atenção. Localizados ao lado das igrejas, ali as prostitutas ofereciam seus serviços e as escravas vendedoras de comida ofereciam seus quitutes à saída da missa. Ao longo do século XIX, porém, por razões de higiene, os campos santos iriam se afastar dos altares e se transformar em jardins, em cidades, em florestas com ciprestes, enfim, em dispositivos cênicos onde atuavam sonhos e dramas. Para evitar a corrupção dos ares, a paisagem era dissimulada por plantas e flores. As necrópoles se pintavam de verde. Percorriam-se suas aleias para visitar túmulos conhecidos. Louvava-se a calma serena do lugar. Nelas se observava a lua nascer, escutava-se o silêncio. Não havia preocupação em dissimular a morte. Ela era cantada em prosa e verso. A morte era romântica e sensual. Louvava-se a passagem do visível ao invisível, o limite entre dois mundos. A lembrança dos desaparecidos era substituída pela sensação de sua presença. Pela impressão de sua permanência. Os afetos se prolongavam graças àqueles que falavam com os mortos.

A moda? Apreciar a beleza do horror, considerado uma fonte de sensações. O elo misterioso entre prazer e dor ganhou força no romantismo. Beleza, morte e deleite se misturavam na pena de autores lidos pelos brasileiros, como Byron. Em *Don Juan*, a personagem Antonia sente que uma alma penada ronda a casa e a espia noite e dia. No poema *Giaour*, de 1813, Byron menciona vampiros e outras reencarnações famintas de sangue. Imagens que foram apropriadas por outros autores da época, como Polidori ou Prosper Merimée, pois a literatura de horror inglesa foi traduzida e teve grande influência na França e, por ricochete, no Brasil. Machado de Assis não fez por menos. Em seus *Contos da meia-noite*, plantou um poeta cujas estrofes intituladas "À beira de um túmulo" falavam de morte e vida, flores e vermes, amores e ódios, tudo num caldo de "oito ciprestes, vinte lágrimas e mais túmulos do que um verdadeiro cemitério".

No entanto, ao se aproximar do erotismo, a morte deixava de ser um evento familiar e aceito. Antes, o convívio era feito de serenidade e aceitação. Mas, ao aproximar orgasmo e morte, indicando uma ruptura, os homens passaram a ter medo de morrer. O sexo criou um distanciamento: quanto mais prazeres em vida, maior o medo da finitude.

Medo esse que era combatido por meio do espetáculo e da festa. O campo santo virou local de piquenique, romaria cívica ou passeios domingueiros. A cada dia 2 de novembro, os jornais publicavam uma coluna social contando em quais jazigos se rezariam as missas mais concorridas, quais os túmulos mais enfeitados, quem compareceria às capelas, tudo se refletindo, como diria mais tarde Lima Barreto, no prestígio e na grandeza dos túmulos. A morte era um espetáculo!

Em sua *Carta de um defunto rico*, Lima Barreto ironizava:

> O meu propósito era dizer a vocês que o enterro esteve lindo. Eu posso dizer isso sem vaidade, porque o prazer dele, de sua magnificência, de seu luxo, não é propriamente meu, mas de vocês [...] Enterro e demais cerimônias fúnebres não interessam ao defunto; elas são feitas por pessoas vivas para os vivos.

2.

A NOVA MODA: AS MESAS VOLANTES E O ESPIRITISMO

NÃO ESTAMOS SÓS

Enquanto isso, os mortos continuavam lá, a interpelar os vivos. E agora o fariam por meio de "mesas falantes". Na Europa de meados do século XIX, a moda chegou por mar, vinda dos Estados Unidos. O movimento americano, conhecido como "espiritualismo", reunia centenas de milhares de adeptos: juízes da Suprema Corte, senadores, membros do clero, médicos e físicos escreviam livros e faziam conferências sobre esses chamados "novos tesouros". Não faltava quem visse tudo com desconfiança e medo – e, na tradição cristã, como manifestação da obra do Diabo.

"O que eu diria a quem predissesse que o século XIX, tão orgulhoso de suas luzes, terminaria com centenas de milhares de pessoas neste país acreditando poder se comunicar com seus avós?" Quem registrou isso em seu diário foi um famoso advogado de Nova York, George Templeton Strong.

E como começaram as comunicações? Tudo aconteceu na primavera de 1848, num pequeno condado do Wayne: Hydesville, a oeste do estado de Nova York. Ninguém imaginava que a história fosse tomar tal amplitude. Maggie e Kate Fox, as duas filhas adolescentes de um casal metodista, se comunicavam com um espírito por meio de batidas na parede. Era a velha linguagem dos sons. Mas quem era ele? Um ambulante assassinado pelos antigos moradores, cujo corpo fora enterrado no porão da casa. Fantasmas de vítimas de morte violenta não eram raros nos Estados Unidos. Para cada pergunta das meninas, uma resposta na forma de pancadas: *pam, pam, pam...* Um alfabeto foi criado para traduzir as batidas em palavras. E a primeira mensagem da telegrafia espiritual não deixava dúvidas: "Caros amigos, deveis proclamar ao mundo estas verdades. É a aurora de uma nova era; e não deveis tentar ocultá-la por mais tempo. Quando houverdes cumprido vosso dever, Deus vos protegerá e os bons espíritos velarão por vós".

Às duas irmãs se juntou uma terceira, Léa, cujo temperamento empreendedor serviu para que o trio Fox se tornasse famoso. Seus salões, cada vez mais cheios, ajudaram a difundir a prática em outras regiões do país. Submetidas a sabatinas e investigações de comissões encarregadas de examiná-las, Maggie e Kate resistiram. O resultado foi a consagração do fenômeno.

Brochuras favoráveis às "manifestações" se multiplicaram. Sessões no Hotel Barnum, em Nova York, e o apoio do jornal *New York Tribune* expandiram o movimento pela costa leste americana, atingindo, sobretudo, as populações brancas e protestantes do noroeste do país e do *Middle West*, o Meio Oeste. Na sua grande maioria, os espiritualistas americanos eram abolicionistas convictos. Sua pressão fez com que o estado do Alabama, com grande concentração de escravos, até pensasse em estabelecer leis antiespiritualistas. No Sul, notadamente em Nova Orleans, a influência francesa e afro-crioula incentivou um sucesso sem igual do movimento. Em 1852, foi fundado o Spiritual Telegraph, órgão do movimento que contou, ao longo de vinte anos, com até oitenta jornais.

A profissionalização das sessões foi um importante fator de difusão. As irmãs Fox faziam espetáculos pagos. A partir de 1850, se multiplicaram os "médiuns profissionais" – a terminologia se tornou corrente –, assim como palestras e conferências de especialistas. Um viajante francês, Eugène Chevreul, observou:

A aptidão dos cidadãos dos Estados Unidos pelo comércio e indústria é incontestável [...] eles não fazem exceção quando se trata de entrar em comunicação com os espíritos. Hoje em dia, se é 'médium' como se é comerciante, industrial, médico, advogado e se garante que os médiuns mais famosos têm vantagens pecuniárias em colocar os homens em contato com os espíritos.

Nessa época, os espíritos se manifestavam não só por meio de batidas nas paredes, chão e teto. Apareciam, sobretudo, quando chamados por gente reunida em torno de uma "mesa volante". Como vimos, o deslocamento dos móveis e objetos era bastante conhecido na Europa. Em 1847, antes mesmo da experiência das irmãs Fox, "sonâmbulas" e "magnetizadores" atribuíam a essa movimentação uma origem extraterrestre. O já citado Louis-Alphonse Cahagnet, fundador da Sociedade dos Magnetizadores Espiritualistas, reproduziu em seu *Arcanos da vida futura* o diálogo entre uma sonâmbula e o espírito de Swedenborg:

– Crês que os espíritos tenham força para movimentar móveis e mil outras coisas, como se diz?
– Saiba que os espíritos podem suportar os mais pesados fardos [...] e fazer coisas que você não conceberá jamais.

Já estas palavras da poetisa Sarah Whitman, escritas em 1852, sintetizavam o clima da época:

Fenômenos misteriosos dos tempos atuais chegaram a nós sem que os esperássemos ou procurássemos. Imersos no materialismo, assim como na imprensa e no tumulto da vida atual, eles nos obrigam a parar um momento e a olhar com reverência e atenção as provas de existência espiritual e do destino imortal que nos são oferecidas.

A eletricidade ou as chamadas "diversões elétricas" justificavam uma nova agenda, em que espíritos viriam tirar os homens de "um século caduco" e cheio de melancolia e *spleen*, cravava Lopes de Mendonça, membro da Academia das Ciências de Lisboa.

Nas primeiras décadas do século XIX, chegaram à França as "mesas" vindas da América e exportadas para o restante da Europa a partir dos anos 1850. Enquanto alguns argumentavam que as ciências tinham matado com golpe mortal o desejo de se deixar invadir pelo sobrenatural, o fenômeno conhecia um movimento excepcional. Não faltaram os que acusavam os "espiritualistas americanos" de licenciosos, revolucionários e até criminosos. Temia-se "uma revolução religiosa e social, índice de uma nova era cosmogônica", advertia o jornal *O Correio dos Estados Unidos*.

Na França, a ofensiva espiritualista entrou pelos salões e atingiu a burguesia. Dentre os primeiros adeptos estava o grande escritor Victor Hugo, então exilado na ilha de Jersey, no canal da Mancha. Ele não admitia brincadeiras com as mesas volantes e corrigia os gozadores lembrando que a ironia era cômoda, mas pouco científica: "Os que choramos não estão ausentes". Graças às mesas, "falava" com sua filha morta. E essa convicção de uma vida após a morte impregnou sua obra. São suas as palavras:

> Eu digo que o túmulo que sobre os mortos se fecha
> abre o firmamento
> e que aquilo que aqui embaixo tomamos por um fim
> é apenas o começo.

O sentimento de ultrapassar a morte e de alcançar a compreensão da eternidade, a certeza da imortalidade da alma e de reunião com entes queridos no além orientava novas formas de pensar e sentir. A Dama de Branco não ceifava mais vidas. Apenas afastava temporariamente os entes queridos que poderiam se reencontrar em volta de uma mesa.

Qual crédito dar a essas manifestações que alimentavam discussões apaixonadas e um enorme interesse? A Igreja Católica reagia. Eram coisas do Demônio. Uma cesta fugira, rastejando qual serpente, quando numa sessão lhe apresentaram os Evangelhos. Os espíritos calavam quando perguntados sobre Jesus Cristo. Outros anunciavam o fim dos tempos. Mas havia quem, como o famoso pregador francês Lacordaire, afirmasse que as vozes que ouvira numa mesa "dizem coisas notabilíssimas sobre o passado e o presente".

Mas atenção ao vocabulário: na França, se tornou corrente o uso do termo "espiritismo" para designar o conjunto de práticas nascidas nos Estados Unidos, em 1848, e exportadas para a Europa, em 1852. Tais práticas consistiam em se comunicar com os espíritos por meio de mesas volantes. Até então se falava em "espiritualismo americano", "espiritualismo moderno", "fenômenos magnéticos" ou "fenômenos de mesa". A tradução de *spiritualism*, termo usado nos países anglo-saxões, por "espiritualismo" criava um problema. Na França, a palavra correspondia à posição dos que, contra a filosofia "sensualista" e "materialista" do século XVIII, admitiam a imortalidade da alma e estudavam suas características. Eis por que, no sentido corrente, passou-se a ver os espíritas como espiritualistas que acreditavam na comunicação com os espíritos.

E a comunicação denominada "espiritismo" teria nascido nos Estados Unidos, em 1848, ou na França, em 1857, com Allan Kardec? Deveríamos creditar às irmãs Fox e a Kardec seu nascimento? Não. A Bíblia apresenta várias passagens contra a necromancia. E, na época de Tertuliano, um dos primeiros grandes autores do cristianismo, por volta do ano 200 d.C., já havia registro de "mesas volantes". O espiritismo sempre existiu. Mas o surgimento da palavra, da doutrina e do movimento nos países ocidentais exige que se pense em dois espiritismos: o antigo e o moderno, com mediações e elementos de continuidade entre um e outro.

Quando e como o fenômeno cruzou o Atlântico? Como vimos, a partir do outono de 1852, os primeiros médiuns americanos começaram a chegar ao Velho Mundo. Eram mulheres, na maior parte. Até o termo "médium" era novo. Na França, usava-se "sonâmbula" até então. A primeira parece ter sido Maria Hayden, que desembarcou na Inglaterra em outubro do mesmo ano. Embora apresentada como uma aventureira, ela impressionou figuras importantes como Robert Chambers, um dos primeiros teóricos da evolução, e o socialista Robert Owen. No ano seguinte, nascia o primeiro jornal espírita inglês, *The Spirit World*, ou *O mundo espírita*.

O fenômeno se espalhou como água. Da Inglaterra, atravessou o canal da Mancha, passou pela Prússia, cruzou o Reno, chegou à Áustria e à Rússia, até desembarcar na França. O impulso decisivo não veio, porém, da Inglaterra, mas da Alemanha, mais particularmente de Hamburgo e Bremen, grandes portos de emigração europeia na direção dos Estados Unidos. Em 30 de março de 1853, um dos jornais alemães anunciava:

Há oito dias nossa boa cidade se encontra numa agitação difícil de descrever. Está completamente absorvida por uma maravilha que ninguém jamais sonharia antes da chegada do vapor Washington. As pessoas se preocupam bem menos com o preço do tabaco ou o sucesso da máquina Ericsson do que com a dança das mesas [...] Não se trata de uma brincadeira americana. Um misterioso problema está sendo colocado à ciência; cabe a ela resolvê-lo.

Do outro lado da Mancha, o escocês Daniel Dunglas Home, que crescera nos Estados Unidos, era o sucesso da corte de Napoleão III. Considerado "o príncipe dos espíritos", ele levitava, e, no Palácio das Tulherias, de onde não saía a convite do casal de imperantes, fez aparecer uma mão sobre a mesa. A imperatriz Eugênia quis tocá-la e, ao contato, gritou: "Mas é a mão de meu pai!". A seguir, teve uma crise nervosa.

Se a América descobriu, a Alemanha constatou, e, em algumas semanas, Bruxelas, Londres e Paris seguiram-na. A Alemanha e a Áustria foram as mais atingidas. Frederico Guilherme IV, rei da Prússia, se apaixonou pelas mesas volantes antes de ser arrancado do poder e confinado num hospício. E, pela vizinhança geográfica, México e Canadá foram os primeiros a reconhecer os extraordinários fatos.

Havia outras vantagens. A prática da "mesa volante" era simples. Sua objetividade e seu caráter "divertido", pedagógico, gratuito e adaptado aos espaços domésticos fizeram-na virar moda. Até o órgão oficial do Vaticano, o periódico *La Civiltà Cattolica*, se curvou: "Fazer moverem-se as mesas pela imposição das mãos é a única preocupação do momento".

Ao lado do romance de Harriet Beecher Stowe, *A cabana do pai Tomás*, a moda dos "espíritos" ou a "fluidomania" foi dos primeiros "americanismos" a invadir a cultura europeia. Grandes jornais, como o *Times* e o *Journal des Deux Mondes*, entre outros, dedicavam ao assunto páginas inteiras. Brochuras, teses de medicina e livros multiplicavam as explicações, que iam de charlatanismo e imaginação a eletricidade e magnetismo, fisiologia ou mecânica.

Céticos, como o físico e químico inglês Michael Faraday, acreditavam que se tratava simplesmente de pressão das mãos! Mas havia quem acreditasse na ação de um fluido misterioso ainda desconhecido da ciência. A irradiação cultural da França reforçou a mundialização do fenômeno, em particular nos países de cultura latina e católica, como o Brasil.

DE RIVAIL A KARDEC

Em 1854, Hippolyte Léon Denizard Rivail, que adotaria o nome Allan Kardec, se interessou pelo assunto das mesas volantes. Homem dedicado aos estudos, ele viveu inicialmente para o ensino e a redação de manuais. A seguir, para o espiritismo. Nascido a 3 de outubro de 1804 numa família de juristas, em Lyon, na França, Hippolyte se educou na Suíça, onde se tornou colaborador do educandário no qual era aluno interno. Falava várias línguas, lecionava diferentes matérias e era tradutor de inglês, alemão e holandês.

Formado na escola do pedagogo Henri Pestalozzi, ele afirmava que a educação do povo, fundada na tolerância e na fraternidade, era indispensável ao avanço da humanidade. O importante era "aprender a aprender". Lutou contra o castigo físico, que ainda era aplicado em crianças, e convidava os alunos a desenvolver a inteligência pela reflexão e o questionamento. Visionário, apostava no trabalho feminino, não como signo de inferioridade econômica, e sim como expressão de independência pessoal.

Entre 1854 e 1857, a curiosidade de Rivail pelo fenômeno das mesas volantes aumentou – contam seus biógrafos. Vinte anos antes, ele se instalara em Paris, no número 35 da rua de Sèvres, onde fundou um curso com os métodos pedagógicos pestalozzianos. Em 1850, tornou-se contador de um teatro parisiense, onde se apresentava um dos maiores mágicos da época, um certo Lacaze. Iniciou-se então seu interesse pelo magnetismo e pelos fenômenos sobrenaturais. O que de início parecia uma futilidade se tornou assunto para pesquisa, pois tudo Rivail estudava de forma racional e científica.

Como se moviam as mesas? E por quê? Como tantos, ele iria explicar esses fenômenos, inicialmente, pela existência de um fluido elétrico. Depois, pela atuação do espírito dos mortos, assunto sobre o qual se debruçou. Na primavera de 1855, ele participou de sessões organizadas por sonâmbulos e seus magnetizadores. Como muitas das mesas eram pesadas e lentas, a experiência se transformou. Passou-se a usar cestas e chapéus até chegar, mais tarde, à chamada escrita automática.

Sonâmbulos pousavam a mão na pena, esperando que o espírito dispusesse dela. Dezenas de cadernos escritos dessa forma foram oferecidos a Rivail. Pouco a pouco, ele se convenceu de que as mensagens transcritas eram mesmo enviadas por espíritos extraterrestres. Ele complementava as informações dos escritos com diálogos que mantinha com os sonâmbulos magnéticos. Depois de preparar uma série de questões, ele as fazia às pessoas em transe, anotando as respostas que os espíritos transmitiam por sua boca ou pena. Rivail entreviu, então, a possibilidade de uma nova lei sobre a condição da alma após a morte e sua imortalidade.

Quanto às críticas dos sábios que viam nisso uma diversão, Rivail os repreendia: não bastava a ciência para entender tais feitos, pois ela ignorava dimensões espirituais. Por isso, espiritismo e ciência eram fenômenos complementares. Um não viveria sem o outro, e o seu inimigo comum era o materialismo. O importante era criar métodos próprios e desenvolver pilares para a compreensão da "ciência espírita".

Em 1857, seus estudos conduziram à publicação de *O livro dos espíritos*, contendo os princípios de sua doutrina sobre a natureza dos espíritos, sua manifestação e relação com os homens, as leis morais, a vida presente, a vida futura e o futuro da humanidade, escrito sob ditado e publicado por ordem dos espíritos superiores.

Rivail o publicou sob o nome de Allan Kardec depois de saber por seu espírito familiar, o equivalente do anjo da guarda, que esse fora seu nome druida celta numa vida anterior. O recurso a um pseudônimo não tinha nada de excepcional. Seria normal no meio espírita nos anos 1860 e ainda tinha a vantagem de não se expor numa época em que, embora a heterodoxia religiosa fosse tolerada, sempre se corria riscos.

Era também uma forma de proteger sua carreira editorial, sem dar chance de retaliação por parte de instituições de ensino religioso que tivessem adotado seus manuais. A adoção desse nome permitia unir a cadeia de suas existências sucessivas, mas também revestir sua nascente autoridade de profeta do espiritismo de uma aura celta. A moda gaulesa estava no auge, com seus druidas, velhas árvores, festas de solstícios e sacerdotes em roupas brancas. Como os celtas, Kardec tinha um profundo desprezo pela morte, pois eles também acreditavam que a alma reencarnava em outro corpo.

Ele não estava só. O século queria retomar o diálogo com os mortos que o cristianismo interrompera. Em 1862, o jovem Camille Flammarion, astrônomo recentemente convertido ao espiritismo e autor de *A pluralidade dos mundos habitados*, homenageou a "nova filosofia" e dedicou seu primeiro livro "a nossos ancestrais, os bardos gauleses, que cantavam o desprezo pela morte, e às sacerdotisas coroadas de azevinho que evocavam as almas". Estava extasiado com as levitações, a psicografia, as percussões e aparições luminosas de objetos que presenciara. Considerava que vira fenômenos tão extraordinários e tão opostos ao "enraizado credo científico" que fizera questão de publicar suas observações no *Quarterly Journal of Science*.

Aliás, a astronomia, cujas descobertas recentes multiplicavam por mil o número de "mundos potenciais", se perguntava, nessa época, onde seria o lugar da imortalidade. Onde moravam os mortos? Num mundo longínquo e longe de nossa vista? Ou em tais "mundos habitáveis" e observados pelo telescópio? Flammarion argumentava que não havia razão para habitantes de outros mundos terem a aparência humana. "São espíritos superficiais que se divertem em povoar os astros como colônias terrestres", explicava. Suas teses tiveram inequívoco sucesso. Só a Igreja torceu o nariz, pois a tese não preservava a autoridade das Santas Escrituras.

Em *O livro dos espíritos*, Kardec conta que sua conversão foi gradual. Levou dois anos. Não foi uma conversão súbita e emocional, mas sim pensada, refletida, ponderada; uma conclusão rigorosa a partir de um conjunto de "princípios incontestáveis". Para ele, o mundo espiritual era o prolongamento da vida concreta. E até mais importante, porque eterno. E passível de ser estudado cientificamente. Com esse processo progressivo e racional, houve outro. Mais subjetivo. Durante o período anterior à redação de seu livro, Kardec sentia-se habitado pela lembrança de sua mãe morta. Ela lhe aparecia em sonhos, causando-lhe "emoção indescritível". Uma circunstância, diga-se de passagem, que aparece em outras biografias espíritas.

Duas eram as suas preocupações: distanciar ao máximo os laços entre mesas volantes e o espiritismo, ciência que ele queria codificar, e afastar de si qualquer imagem de "mago romântico", muito na moda por conta do romantismo. A essa ideia preferia opor a de filósofo religioso. A lista de espíritos que lhe revelaram suas fontes? São João, o mais filosófico dos evangelistas; São Vicente de Paulo, personagem consensual na sociedade francesa, que encarnava a bondade e o lado social do catolicismo; Fénelon, teólogo e representante de uma religião aberta, ao mesmo tempo liberal e mística; o já conhecido Emanuel Swedenborg; Benjamin Franklin, protetor dos espíritas americanos; Samuel Hahnemann, fundador da homeopatia e recém-falecido em Paris; Napoleão I, representante da história e da revelação de uma nova idade do mundo.

Na França, os que antes eram chamados de sonâmbulos magnéticos passaram a "médiuns": "uma pessoa acessível à influência dos espíritos, mais ou menos dotada da faculdade de receber ou transmitir suas comunicações", segundo Kardec. Para ele, o sonâmbulo agia sob influência de seu próprio espírito, exprimindo seu próprio pensamento. Já o médium seria instrumento de uma inteligência externa. Eles encarnavam, portanto, diferentes fenômenos, apesar das afinidades explicadas pela *Revue Spirite* (*Revista Espírita*) numa edição de outubro de 1858:

> O espiritismo liga-se ao magnetismo por laços íntimos (essas duas ciências são solidárias uma com a outra; e, todavia, quem o teria acreditado?) [...] Os espíritos sempre preconizaram o magnetismo, seja como meio curativo seja como causa primeira de uma multidão de coisas; eles defendem sua causa e vêm prestar-lhe apoio contra seus inimigos. Os fenômenos espíritas abriram os olhos de muitas pessoas, que ao mesmo tempo se juntaram ao magnetismo.

O espiritismo, essa loucura do século XIX segundo os que querem ficar nas praias terrestres, nos faz descobrir todo um mundo, mundo bem mais importante do que a América, pois nem todos os homens vão à América, enquanto cada um de nós, sem exceção, irá ao dos espíritos, fazendo incessantes travessias de um a outro.

E, no *Livro dos espíritos*:

> Deixando o corpo, a alma volta ao mundo dos espíritos, de que havia saído para reiniciar uma nova existência material, após

um lapso de tempo mais ou menos longo, durante o qual permanecerá no estado de espírito errante.

Devendo o espírito passar por muitas encarnações, conclui-se que todos nós tivemos muitas existências e teremos outras, mais ou menos aperfeiçoadas, seja na Terra ou em outros mundos.

A encarnação dos espíritos ocorre sempre na espécie humana. Seria um erro acreditar que a alma ou o espírito pudesse encarnar num corpo de animal.

As diferentes existências corporais do espírito são sempre progressivas e jamais retrógradas, mas a rapidez do progresso depende dos esforços que fazemos para chegar à perfeição.

Kardec foi um pedagogo de grande integridade intelectual. Nem um monstro de erudição, como querem seus admiradores, nem um ser primário, como acusam seus detratores. Mas um trabalhador do conhecimento, sem fantasias e pouco inclinado a voos da imaginação. Ele estudou e verificou que os princípios da doutrina que então elaborava estavam em todas as formas de crenças e religiões, em diferentes épocas e lugares. Para ele, o espiritismo seria o elo entre todas as crenças.

Seria também a aliança entre religião e ciência, o motor do progresso moral e intelectual na busca de uma fraternidade universal. Deus existia, sim. Mas estava longe. Precisava de mediadores – os espíritos desencarnados – para ajudar a humanidade a expiar suas faltas e progredir na busca de perfeição.

O espiritismo foi um observatório do tempo porque as pessoas se reconheciam nele. Mas também porque ele lidava com questões fundamentais como a morte, a doença, a religião, o amor, a família, as ciências: todas elas sob o impacto de grandes mudanças. Kardec permitiu reconhecer o rosto noturno de uma sociedade que viu emergir os seus medos mais ocultos através de espíritos e fantasmas.

"O SOBRENATURAL NÃO EXISTE"

A frase é de Allan Kardec! Mas mesmo assim a reação da Igreja não tardou, e suas ideias foram barradas pelos defensores da ortodoxia católica. Além do ateísmo e de diversas correntes espiritualistas que pipocavam na época, a Igreja Católica respondeu ao espiritismo com a severa condenação. E ela se fechou em copas. Roma seria representada pelo movimento ultramontano, conjunto de ideias e doutrinas que afirmavam a infalibilidade do papa. Ou por nada!

A hostilidade católica foi vigorosa, pois a Igreja via no espiritismo uma tentativa de modernizar a necromancia, condenada por tantos concílios. Mas houve também um grupo que entendia tais ideias como uma forma de ecletismo espiritualista, em moda na Europa, e que aqui no Brasil funcionou por razão simples: a adoção dessas teorias não implicava um rompimento com o catolicismo. Seu prestígio, aliás, era inquestionável. Como disse uma historiadora: "frequentavam-se as missas e procissões assim como as lojas maçônicas ou as reuniões positivistas; da mesma forma consultar-se-iam os médiuns receitistas, nos finais do século, sem renunciar à crença oficial".

No Brasil, desde sempre, as crenças populares misturaram o culto dos santos católicos aos rituais de origem indígena ou africana. Mas, nos meios intelectuais e burgueses, preferiam-se respostas buscadas nas doutrinas constituídas "cientificamente". A primeira que mereceu adesões foi o magnetismo, que teve jornal próprio, nascido em 1860, o *Jesus e Mesmer*, título que confirmava a filiação cristã. O mesmo grupo fundou, em seguida, uma Sociedade de Propaganda do Magnetismo, com a presença de muitos médicos da Escola de Medicina do Rio de Janeiro.

Buscaram-se outras respostas nas expedições científicas e nas discussões sobre a origem dos homens. Em 1832, Charles Darwin passou pelas praias brasileiras a bordo do navio inglês *Beagle*, viagem na qual coletaria dados para detonar a ideia de que descendíamos de Adão e Eva e para impor a noção de seleção natural. Outra réplica chegou na forma da doutrina que conciliou o racionalismo de filósofos e cientistas com a crença na sobrevivência do espírito e seu progresso infinito: a doutrina espírita. O ser humano evoluiria espiritualmente, também.

Mas qual Brasil tais ideias iriam encontrar? Um Império em transição. Ainda nas décadas de 1870 e 1880, ninguém sabia aonde as mudanças levariam. Mas havia um desejo de coisa nova. "Novo", sinônimo de outras palavras que encantavam: futuro, modernidade, cientificidade, desenvolvimento! As mesmas reproduzidas pelo recém-fundado centro Família Spírita, de São Paulo, que reconhecia a necessidade de uma "república profana que marchasse correta pela senda da justiça, da ordem e do progresso". Fora daqui não se falava em "século caduco"? O regime patriarcal, que vigorava até então, declinava. Consolidava-se o mercado capitalista e se pensava na passagem do trabalho escravo para o livre. Havia uma preocupação com o futuro, o da nação e o do homem.

Essa preocupação importava em repúdio ao passado e ao próprio presente, como explicou Gilberto Freyre. Um passado e um presente escravistas, monárquicos, "inferiores" em relação ao futuro liberal e republicano já vivido por nações progressistas como a França, a Suíça, os Estados Unidos – nações nas quais o Brasil deveria se inspirar, afastando-se das arcaicas como as ibéricas. Os países também evoluíam...

A vontade de mudança se expressava na batalha entre o nacional e o estrangeiro, entre o antigo e o moderno: cozinheiras baianas contra *chefs* franceses; o candeeiro de folha de mamona contra o de querosene belga, o tamanco contra a bota, o chapéu de sol contra a sombrinha, a mula contra o *bond*, a roca de fiar contra a máquina de costura, o penico contra o *water closet*, a procissão contra o *vaudeville*.

Uma exposição organizada no Museu Nacional pelo pastor James Fletcher exibia produtos norte-americanos provando que nas Américas havia uma cultura que competia com a europeia em refinamentos técnicos. Por que não adotá-los? As máquinas *made in USA* pareciam mágicas! E, pensando nesse novo mundo de tecnologia, Júlio Verne, em tradução portuguesa, encantava leitores com histórias sobre viagens fantásticas ao centro da Terra ou ao fundo do mar.

Contra o silêncio das noites, foi o momento do gramofone, do fonógrafo e da iluminação a gás. Da construção de estradas de ferro, que timidamente começavam a rasgar as franjas dos centros urbanos em direção ao interior. Da comunicação do Brasil com a Europa pelo cabo submarino. Contra a tosse, chegava o *Bromil*. Crescia a miscigenação com a chegada de imigrantes e o fim da importação irregular de africanos. Houve a irradiação do protestantismo e, ao mesmo tempo, se assistiu ao revigoramento do catolicismo e do espiritismo.

Envelhecia dom Pedro II em "seu triste claustro de convento pobre", definição que deu um escritor sobre o Palácio de São Cristóvão. Vivia como um burocrata inexpressivo, sem majestade; cheio de virtudes domésticas, mas a negação do chefe de Estado reclamado pelas circunstâncias. Os oficiais do Exército se tornavam republicanos por meio do positivismo. O Manifesto Republicano anunciou tempos novos, e a Lei do Ventre Livre marcou o início do fim do escravismo. Emergiam grupos e jornais abolicionistas.

A cidade levava a melhor sobre as zonas rurais. Os antigos barões e condes, grandes proprietários de terras, agora eram médicos ou advogados, enfim, classe média interessada em novidades. Os esportes, notadamente os de origem inglesa, a criação de zebus e a valorização da borracha amazônica estavam na ordem do dia. Passou-se a usar fraque e polainas. A tocar flauta e violino. As crianças, a circular de velocípede. Pequenos eram batizados com nomes americanos: Edison, Nelson, Milton, Darwin, Elizabeth, Mary, Gladstone. O federalismo americano inspirava os republicanos. O "espírito progressista" estava em toda a parte e havia intelectuais para quem era preciso "destruir todo o passado já imprestável", encarnado na escravidão, no clero e na nobreza.

Diante de tantas mudanças, a cidade do Rio de Janeiro permanecia a mesma. Contou o engenheiro Luiz Rafael Vieira Souto que ela se apresentava "com ruas tortuosas, mal arejadas e sem escoamento para as águas das chuvas", exibindo "casas apertadas além de todo limite, sem luz, sem ventilação e outras condições indispensáveis à saúde", "sem arquitetura, nem alinhamento", as praias pedindo cais, os pântanos clamando por aterros, os mercados de frutas e hortaliças exigindo melhor situação, as praças, melhor arborização e calçamento. Afinal, como ele mesmo sublinhava, "quem diz cidade, diz civilização". E, nessa, faltava "decoro, humanidade, amor-próprio nacional". "O progresso do país pedia que se melhorassem urgentemente as condições de vida na capital", insistia Vieira Souto em 1875.

Enterros não eram mais admitidos dentro das igrejas, só em cemitérios. Discutia-se a importância do casamento civil, da liberdade religiosa, a separação entre Igreja e Estado, e, sob pressão, a ortodoxia católica se enfraquecia. Nas seções "A pedidos" dos jornais, multiplicavam-se as vozes defendendo uma ou outra crença diferente.

A própria Igreja Católica, nos sermões dominicais, queixava-se da qualidade de seus fiéis. O padre Lopes Gama era um que fustigava as mulheres que prometiam missas às almas do purgatório, que prometiam novenas a santo Onofre, responsos a santo Antônio para que os santos e as benditas almas intercedessem junto a Deus para fazer as pazes com os amantes, com quem brigavam. E dizia mais: "As mulheres ordinariamente só têm por prodigiosos os santos que não estão nos seus oratórios e que residem em igrejas bem distantes de suas casas; e que tudo é por causa do passeio da romaria!".

E atacava os falsos fiéis, homens de péssimos costumes, que raras vezes ou nunca se confessavam, que não davam esmolas por amor de Deus, usurários, caloteiros e velhacos que passavam o tempo a dizer que queriam proteger o trono ameaçado e o altar. Isto é, a monarquia e a religião, ambas muito enfraquecidas. Esmagado por tantas mudanças, o Império se tornou sinônimo de declínio, imobilismo, atraso.

Na capital, novo e velho conviviam. Novidades e ciência, contra tradições. E, em resposta a essas tensões do tempo, alguns católicos se entrincheiravam na obediência cega ao papa enquanto cresciam práticas religiosas afinadas com a ciência, caso do espiritismo e do positivismo. Ou cresciam os adeptos da Sociedade Teosófica, com sede em Madras, na Índia, que ensinava a fraternidade acima de tudo.

Mantinham-se as tradições africanas de invocação de deuses e curandeiros. E cristãos deixavam a Igreja dos Barbadinhos e cruzavam a travessa do Castelo, onde se encontrava a macumba do Pai-Gambá. Depois de perguntar o programa do culto jejê-nagô, voltavam à noite. Na hora do sacrifício da galinha preta e do pombo branco, pediam aos deuses da macumba o mesmo que pediam aos pés da Virgem ou à imagem do Salvador. O catolicismo não era abismo, mas ponte para outras crenças. Esbarrava-se em toda parte com a presença do sobrenatural. E tudo valia a pena, se a alma não fosse pequena.

REVELAÇÕES

Como outras religiões, o espiritismo que chegava ao Brasil se apresentava como uma revelação, tal como a que tiveram Moisés ou Jesus Cristo. Ela não emanaria de Deus, mas de espíritos falíveis, por vezes trapaceiros, que, embora mortos, estavam perto dos vivos. Donde, para o destinatário da revelação, a necessidade de verificar e discutir tais mensagens.

Como Kardec mesmo dizia, o risco de erro e mistificação não seria jamais eliminado. Ele não tomava tais mensagens por verdades. Cada espírito poderia ensinar alguma coisa aos homens. Mas nenhum ensinaria tudo. Cabia ao interessado formar um conjunto de informações com a ajuda de documentos, ligando uns aos outros. Daí a importância da interpretação "científica e moral", fundamental no kardecismo.

Com pouco mais de cinquenta anos e a clareza de um professor, ele trabalhou incansavelmente sobre O livro dos espíritos, a fim de dar à parte filosófica a maior consistência, sem deixar de lado aspectos práticos sobre moral e religião. A relação com os mortos, a certeza de que a morte não rompia laços nem afetos, a crença de que ela significava o momento mais importante da vida, foi fundamental para a expansão da doutrina:

A doutrina espírita, pelas provas patentes que nos dá quanto à vida futura, a presença ao nosso redor dos seres aos quais amamos, a continuidade da sua afeição e solicitude, pelas relações que nos permite entreter com eles, nos oferece uma suprema consolação, numa das causas mais legítimas de dor. Com o espiritismo não há mais abandono. O mais isolado dos homens tem sempre amigos ao seu redor, com os quais pode comunicar-se.

A obra foi sucesso total. Reeditada quinze vezes enquanto Kardec viveu, era presença obrigatória ao redor do mundo. Sua primeira contribuição foi introduzir um vocabulário novo, inventado pelo próprio autor: palavras como espiritismo, espírito, medianímico, periespírito, médium ou reencarnação. "Para coisas novas, palavras novas", dizia, e concluía: "Os adeptos do espiritismo serão espíritas ou espiritanos".

A doutrina espírita provava a possibilidade de se comunicar com os seres do mundo espiritual, já presente no passado através da magia. Mas, agora, com características de uma idade científica: "Ela deve à ciência no sentido que esse ensinamento não é privilégio de nenhum indivíduo, mas que ele é oferecido a todos pela mesma via", registrava em *Caracteres da revelação espírita*. E convidava os que transmitiam ou recebiam tais revelações a deduzir, observar e comparar. Afinal, nem uns nem outros eram "seres passivos".

Tal revelação moderna, experimental e coletiva desdobrava-se em outras explicações. Primeira: os espíritos eram almas de mortos e apenas deles. Nada de anjos ou demônios. Segunda: o homem era constituído de corpo, alma e uma substância semimaterial batizada de periespírito, que permitia aos defuntos aparecer e entrar em contato com os vivos. No momento da morte, alma e corpo se separavam, mas o periespírito continuava a agir no mundo, apesar de desencarnado. O mundo dos espíritos era povoado de elementos bons e ruins, sem que houvesse controle de identidade. Daí a prudência exigida em sua invocação e aparições capazes de confundir os que as vissem. Na mesma obra, ele avisava: "É preciso certo tempo para se desembaraçar completamente da matéria e se reconhecer. Eis porque as primeiras respostas muitas vezes expressam uma confusão de ideias até que ele [o espírito] se sinta familiarizado com sua nova situação".

Quanto à prática da doutrina, ela podia se fazer de várias maneiras. Havia as práticas "filosóficas", cujos participantes se endereçavam a espíritos célebres, como Sócrates ou Napoleão, para obter "revelações" sobre os arcanos da vida e da morte; as lúdicas ou de curiosidade, com gente disposta a conversar com parentes desaparecidos; as terapêuticas ou "mediunidade de cura", que usavam as práticas magnéticas para obter resultados contra doenças; e, finalmente, as "de consolação", ligadas a um luto doloroso. Segundo Kardec, as últimas representavam 60% do público interessado na doutrina espírita. O contato com "mortos queridos" ou os "queridos espíritos" trazia consolação, emoção e, sobretudo, segundo *La Revue Spirite*, iluminava as trevas que encobriam a vida após o túmulo.

Os dogmas principais do espiritismo eram a "reencarnação" e a "pluralidade de mundos". Nem as palavras nem as coisas eram novidades. A metempsicose, ou a doutrina que cria que a mesma alma pode animar sucessivamente vários corpos, já era largamente discutida no início do século XIX. E a crença era antiga e comum a vários povos, desde a velha Índia até as culturas da África e das Américas. Mas foi o espiritismo que a popularizou para além de grupos esotéricos aos quais estava confinada.

Para Kardec, os mortos não eram diferentes dos vivos. Eram apenas vivos "desencarnados", o invólucro corporal não sendo nada além de uma forma passageira e transitória de nossa existência. Mais. Os espíritos pareciam com os vivos: teriam as mesmas qualidades e os mesmos defeitos. Sentiam o que os outros viviam: desgosto, alegrias e tristezas. Só que o faziam no espaço interplanetário, no além.

Na morte, o espírito se "desencarnava" e se tornava, por algum tempo, "alma errante". Sua "reencarnação" servia quer para expiar faltas passadas quer para servir numa missão particular. Ao fim de várias reencarnações, o espírito finalmente ascenderia purificado à vida eterna, tornando-se, ao final da caminhada, um "espírito de luz". Entre duas encarnações, ele encontraria os seus, para compartilhar um momento de alegria ou revigorar-se antes de seguir o ciclo indefinido de existências sucessivas.

A definição kardecista de reencarnação não teve qualquer ligação com o Oriente, muito na moda na Europa. Nem com o interesse que grupos intelectuais demonstravam, nessa época, pelo budismo ou pelo hinduísmo. Kardec retomou teses que a ligavam a crenças druídicas e, portanto, francesas, que nada tinham a ver com o estrangeiro. A reencarnação poderia acontecer na terra ou em outros mundos, mas nunca fora do reino humano. Encarnar em animais era uma hipótese "orientalista" que ele achava ridícula.

O espiritismo visava ao "progresso individual e social" e desejava instaurar nas relações humanas um regime de transparência generalizada que poria fim à hipocrisia e à mentira. Kardec acreditava que a "telegrafia humana" ou telepatia se tornaria o modo normal de comunicação. Ela contribuiria para a emergência de um universo totalmente límpido que evitaria qualquer duplicidade da vida social. Esperando o dia abençoado de transparência generalizada, os mortos se beneficiavam do privilégio da clarividência.

Os vivos se viam cercados de falecidos com a capacidade de tudo ver e vigiá-los. O objetivo era manter a moral e os bons costumes. Para se comunicar, porém, uma exigência: era preciso identidade de natureza, explicavam os textos kardecistas. Afinidades, sentimentos e aspirações deviam ser os mesmos entre vivos e mortos.

Por outro lado, Kardec se colocou numa posição moderada em relação à questão social: nada de revoluções, violência, tomada do poder pelas armas. As desigualdades sociais, presentes no mundo real, eram aceitas porque necessárias ao progresso dos indivíduos. Hierarquias existiam e deviam ser respeitadas. O direito à propriedade privada era sagrado, assim como ao trabalho. Os que tinham bens, por obrigação moral deviam compartilhá-los. A redistribuição de riqueza ficava por conta da caridade. Só ao final da "grande jornada" os indivíduos se encontrariam iguais em luz.

Mas, e isso era importante, o espiritismo se articulava com a ideia de progresso e trabalho – típicas da burguesia ascendente na segunda metade do século XIX. Morrer não excluía os homens de trabalhar pelo seu aprimoramento espiritual, de cooperar para a transformação e o melhoramento dos indivíduos e da sociedade.

Ele mesmo um trabalhador incansável, Kardec foi autor de vários livros e 260 artigos publicados na *Revue Spirite – Journal d'Études Psychologiques*. Fundada em 1857, a publicação devia funcionar como um canal de comunicação com o público. No mesmo ano, fundou a Sociedade Parisiense de Estudos Espíritas, primeira sociedade com esse caráter regulamentada na França. Nos anos 1860, ele se esforçou para aperfeiçoar as práticas morais e religiosas registradas no *Livro dos espíritos*, sobretudo em sua segunda edição, que ele considerava "obra nova embora os princípios fossem os mesmos". *O livro dos médiuns* saiu em janeiro de 1861, seguido de *A imitação do Evangelho segundo o espiritismo*, em abril de 1864, *O céu e o inferno ou A justiça divina segundo o espiritismo*, de 1865, e *A Gênese, milagres e predições segundo o espiritismo*, de 1868. As obras tiveram edições sucessivas, notadamente os dois primeiros livros, que, por várias vezes, trouxeram ajustes novos, propostos pelos próprios espíritos.

De início, Kardec evitou se chocar com a Igreja. Não queria atrair a fúria de uma instituição que era um pilar político. Além disso, num país de cultura católica, seria suicídio exigir que os católicos escolhessem entre suas crenças e o espiritismo. Mas, a partir de 1864, quando suas obras foram colocadas no *Index* de leituras proibidas pelo Santo Ofício da Inquisição, tornou-se quase impossível conciliar catolicismo e espiritismo. Atacavam-no dos púlpitos, por meio de sermões e pastorais.

E atacavam-no por atos, também. A 8 de outubro de 1861, um auto de fé confiscou livros de Kardec que tinham sido enviados a um livreiro em Barcelona. A explicação? Sendo a Igreja Católica universal e sendo esses livros contrários à fé católica, o governo espanhol não podia consentir que eles passassem a perverter a moral e a religião. Segundo um observador, uma multidão incalculável se espremia na esplanada em que ardia a fogueira alimentada por serventes que iluminavam a figura de um padre com uma grande cruz nas mãos. Trezentos volumes e brochuras espíritas foram consumidos, ao som de gritos que protestavam: "Abaixo a Inquisição!".

Um dos pontos favoritos das teses de Kardec era a negação do inferno e de seus castigos eternos. Segundo ele, ninguém poderia acreditar numa tal ideia, incompatível com a da existência de um Deus, sinônimo de amor. O único critério de salvação não devia ser o medo, mas a retidão de princípios e a caridade. Fora dessa última não haveria salvação.

Para Kardec, os iniciados se dividiam em três grupos: o dos que se interessavam apenas pelos fenômenos físicos; o dos que compreendiam o alcance filosófico das manifestações de espíritos, mas não mudavam interiormente; e o dos que compreendiam a doutrina e a praticavam, se empenhando em fazer o bem. Estes seriam os verdadeiros espíritas ou "espíritas cristãos".

Impregnado das ideias de progresso e evolução, características do período em que viveu, Kardec afirmava que Deus criara o mundo com dois elementos: espírito e matéria, ambos regidos por uma lei natural que os empurrava em direção ao progresso. Originalmente simples e ignorantes, os espíritos evoluíam, através de seu esforço e trabalho, no sentido de um aperfeiçoamento.

Seleção natural e competitividade na evolução dos espíritos? Não. Mas eles eram, sim, diferentes. Podiam ser "imperfeitos, bons e, no alto da escala, puros". Os planetas também evoluíam, passando de mundos imperfeitos a regenerados e bons. E sua evolução se integrava à dos espíritos. Não por acaso, espiritismo, evolucionismo e socialismo utópico eram ideias que se hidratavam mutuamente. Pierre Leroux, socialista francês, afirmava, por exemplo, que as diversidades sociais eram explicadas pelo desenvolvimento humano realizado através da existência. No fundo, a caminhada para um mundo mais justo e fraterno estava na ordem do dia aqui ou no além. E os veículos para chegar lá seriam a evolução moral, a educação e a caridade.

Em seu último livro, *A Gênese, milagres e predições segundo o espiritismo*, Kardec analisou as relações entre religião e ciência se esforçando para incorporar vários elementos novos do debate em torno da evolução das espécies, chamada então de "transformismo". Os avanços da astronomia, da geologia e as recentes teorias sobre a evolução das espécies pareciam ter tornado caduca a ideia secular de uma Gênese. Contudo, a ciência seguia sem dar respostas às questões fundamentais sobre o destino da alma. E o materialismo, ao contrário, cobria seus contemporâneos de angústias. Vivia-se uma época de transição: nem o edifício do passado ruíra nem o do futuro estava pronto.

Kardec morreu em 31 de março de 1869, de crise cardíaca, em sua casa na rua Santa Ana, em Paris. Sem crucifixo ou padre, seu comboio fúnebre foi acompanhado por milhares de pessoas. Teve o corpo incinerado, ganhou um discurso de seu amigo Flammarion e, um ano depois, um dólmen foi colocado no lugar onde suas cinzas repousaram: "Nascer, morrer, renascer e progredir sempre, essa é a lei".

Na França de Napoleão III, durante dez anos, o codificador do espiritismo converteu cerca de quinhentas mil pessoas. Cento e vinte anos depois que Kardec desencarnou, todos os dias, franceses e estrangeiros ainda visitam o cemitério onde estão suas cinzas para depositar uma profusão de flores sobre sua tumba. Suas obras estão traduzidas em mais de cinquenta línguas. Seus discípulos se contam em dezenas de milhares no mundo inteiro.

Como vimos, não foi essa a primeira vez na história em que os vivos dialogaram com os mortos. Mas, graças a Kardec, esse diálogo se tornou, pioneiramente, o fundamento de uma moral, de uma religião e de uma filosofia social. Ele atingiu o coração das preocupações da época, captou sensibilidades, disse alto o que se murmurava e abriu as portas para o outro lado. Ele queria libertar a humanidade do obscurantismo e dar esperança aos desfavorecidos.

A VIAGEM DOS ESPÍRITOS...

Uma pergunta: como tais ideias e práticas chegaram aqui? Desde a abertura dos portos às nações amigas, em 1808, desembarcaram entre nós muitos novos hábitos e viajantes vindos da França. Uma primeira consequência dessa gentil invasão se deu no campo da comunicação: multiplicaram-se cursos e aulas particulares na língua de Kardec. Os jornais anunciavam: "Professor de francês, no caminho do Catete". Um colégio na rua do Sabão oferecia aulas de francês a meninas de "nove anos para cima".

No campo da leitura, a oferta era imensa. Na rua "d'Ouvidor" alugavam-se livros *chez P. Plancher Seignot*. O livreiro Crémières, por exemplo, tinha cerca de 400 volumes que arrendava por "um mês ou por dias", reproduzindo um hábito instalado em Paris, desde os fins do século XVIII. Do porto do Havre chegavam cargas de livros vendidas ao soar do martelo: *Livres d'ocasion à vendre pour cause de départ* era o título do anúncio publicado regularmente. Seguia-se a lista de livros, de variados gêneros, da pena de Balzac, Dickens, Walter Scott, Oscar Wilde e Alexandre Dumas. Ou os best-sellers *Corinne* e *Delphine*, recheados de adultério e amores frustrados, os dicionários de "Francês de algibeira" e os primeiros livros de bolso. Ofereciam-se desde manuais de eloquência jurídica, tão ao gosto de nossos advogados, às curiosidades, como certo almanaque para conhecer a idade das mulheres e saber se um indivíduo tinha dinheiro no bolso. Não faltavam traduções de "moderníssimas novelas", como anunciava a *Gazeta do Rio de Janeiro*, entre elas "Sinclair das ilhas", folhetim que teria despertado em José de Alencar sua vocação de romancista e encantado Machado de Assis.

Desde 1831, também em francês, jornais encontravam leitores entre os 250 mil habitantes da cidade: *A Gazeta Francesa*, o *Journal Politique et Littéraire* e *Le Messager*; este último atendendo ao modismo das danças de salão, oferecia por 640 réis uma coleção de contradanças. Livreiros e tipografias dirigidas por franceses se instalavam na rua da Cadeia: a Ogier era uma delas. Certo P. Gueffier preferiu a rua da Quitanda.

Radicados ou não entre nós, e principalmente entre o Primeiro e o Segundo Reinados, os franceses não se dedicaram apenas ao comércio de produtos de consumo de luxo, mas tiveram grande participação no desenvolvimento das letras. A eles ficamos devendo não apenas a circulação de livros e jornais em francês, mas as primeiras livrarias e bons encadernadores. Os livros eram alugados ou comprados, encadernados e, depois, longamente discutidos.

E as discussões se faziam nos cafés. Tais casas comerciais reuniam os conversadores e os boateiros, substituindo a "botica" ou "a casa do barbeiro", que fora, até fins do século XVIII, o ponto de reunião masculina. O Café de l'Univers, logo ao lado do Teatro São Pedro, por exemplo, tinha serventes franceses, responsáveis também por marcar o bilhar, passatempo francês rapidamente incorporado pelos cariocas. No Café Neuville, situado no largo do Paço, se encontravam os homens de letras e livros. O Café du Nord se situava na rua do Carmo. Ali, jogavam-se cartas lindamente decoradas a dinheiro e, como os livros, vindas da França.

Hábitos e leituras abriam caminho para o romantismo francês, que atingiria sua expressão mais forte por volta de 1840, na voz de poetas, escritores e dramaturgos. Se, na mesma época, a literatura deixava de ser um reflexo das letras portuguesas, dando lugar para os assuntos nacionais, continuava-se a ler e a admirar Victor Hugo, Chateaubriand e Théophile Gauthier, autores imbuídos da crença numa vida espiritual e no outro mundo.

Em 1844, eram dez as livrarias e doze as tipografias encarregadas de atualizar o gosto literário. Dez anos mais tarde, o casal imperial dava exemplo aos membros da corte, lendo em francês. A imperatriz Teresa Cristina recebia de Paris caixotes de livros enviados pela duquesa de Berry. E para o imperador, dom Pedro II, vinham os exemplares da *Revue des Deux Mondes* e os livros de Victor Hugo, um dos precursores das mesas volantes.

Mas não era só através da literatura que a França se fazia presente. O teatro e a confeitaria foram outras duas modas que "pegaram".

O diretor da Sociedade Dramática Francesa, que se apresentava ativamente no palco do Théâtre Français, avisava aos leitores dos jornais que os ingressos para a *soirée qui aura lieu demain Dimanche 10 mai, 1835, seront distribués aujourd'hui* [a *soirée* que ocorrerá amanhã, domingo, 10 de maio de 1835, serão distribuídos hoje]. Ao final da peça, os espectadores corriam à Déroche para tomar sorvete, *cognacs* ou uma *coupe de champagne*. Na década de 1840, o *vaudeville*, gênero de comédias ligeiras, desembarcou entre nós, e o público teve a oportunidade de aplaudir as peças de Octave Feuillet, uma delas com um título muito atual: *La crise*!

Além dos cafés, as livrarias eram outro espaço de sociabilidade masculina. A mais importante, a Garnier, fora apelidada de "A Sublime Porta", em alusão a Istambul, na Turquia, via de entrada para a Ásia de múltiplas riquezas. Adentrá-la causava *frisson*. Amontoados, erguiam-se os volumes que *venaient de paraître* [haviam acabado de aparecer]. Entre as estantes "flanava-se" – do francês *flâner*, ou deambulava-se, palavra de origem normanda que entrou no nosso vocabulário a partir do início do século XIX, momento em que se multiplicavam os rentistas e indivíduos que viviam de sinecuras, sobrando-lhes tempo para passear. Trocavam-se *blagues*. *Frissons*, *blagues* e *flâneries* incorporavam-se ao cotidiano. Ali se posava para a eternidade, segundo um contemporâneo, pois a livraria funcionava como uma extensão da Academia Brasileira de Letras. A livraria reunia Machado de Assis, José Veríssimo, Coelho Neto, Taunay, entre outros, e, fazendo jus aos princípios de *fraternité et égalité*, grupos de simbolistas, anarquistas e socialistas.

A Garnier, também casa editora, foi a primeira a publicar a tradução de O *livro dos espíritos*, feita por Joaquim Carlos Travassos, que se assinava Fortúnio. Em 1875, o primeiro número da *Revista Espírita – Publicação Mensal de Estudos Psicológicos* esclarecia que O *livro dos espíritos*, "aparecido no mundo das letras há apenas 18 anos, já conta 25 edições. Se a esse fato juntarmos que ele se acha traduzido até em grego, teremos a ideia de que ele encerra uma doutrina que conseguiu despertar desde logo uma grande parte do gênero humano".

O fato mereceu carta do próprio Kardec, sobre a tradução:

Verificamos, com satisfação, que a ideia espírita faz progressos sensíveis no Rio de Janeiro, onde ela conta com numerosos representantes, fervorosos e devotados. A pequena brochura *Le spiritisme à sa plus simple expression*, publicada em língua portuguesa, contribuiu, não pouco, para ali espalhar os verdadeiros princípios da Doutrina.

Ao sabê-lo comercializado por quem era considerado o maior editor do país, a imprensa atacou o livro sem dó nem piedade. Por trás da campanha, a força da Igreja Católica. E a hostilidade foi quase total. O jornal católico *O Apóstolo* publicava regularmente uma lista de autores e obras proibidas. Diálogos com o além, teoria dos fluidos, mensagens de sábios e santos falecidos eram, para seu editorialista, motivo de riso.

O jornal *Novo Mundo* também não escondeu seu desagrado: a Garnier, que sempre oferecia bons livros, publicara um "mau livro"! Os "devaneios de Allan Kardec, famigerado apóstolo do espiritismo e responsável por tantos e tão lamentáveis desarranjos mentais", ao prometer descortinar novos horizontes, só alimentava a "propensão ao maravilhoso". Era preciso barrar os livros desses "funestos videntes".

O ataque não ficou sem resposta. Um jornal espírita acusou o editorialista de "inteligência tão curta" que não teria compreendido o que leu. Enquanto os céticos se fechavam em copas, o povo lia. E lia muito. A edição se esgotou, e a Garnier publicou a seguir *Como e por que me tornei espírita*, *O livro dos médiuns* e *O céu e o inferno*. O último foi a quatro edições!

Entre os franceses, havia o grupo de leitores e adeptos de Kardec. Um dos grandes entusiastas foi Casimir Lieutaud, amigo pessoal do dono da editora Garnier. Homem de cultura, pedagogo e dono do renomado Colégio Francês, ele logo se interessou pelas experiências efetuadas por Kardec. Em 1860, arriscando seu prestígio de educador,

Lieutaud publicou o primeiro livro de divulgação espírita impresso no Brasil: *Os tempos são chegados – Les temps sont arrivés*. Foi correspondente de um pioneiro do espiritismo, o baiano Teles de Menezes, a quem incentivava contra as forças conservadoras da Igreja.

No Brasil, o jornal *Courrier* logo se tornou a correia de transmissão de ideias espíritas. E, em 1861, Adolphe Hubert, seu editor, admitia sua condição de espírita. A eles se juntou a médium-psicógrafa madame Perret Collard. Sua adesão seguiu-se à de outros comerciantes, todos intocáveis por sua posição social. Jornalistas e professores franceses revestiam o espiritismo de um halo de progresso. Eles se integraram aos primeiros centros espíritas formados na corte, a partir dos anos 1870. Afinal, o que era bom – livros, roupas e até prostitutas – não vinha da França? Bem-educados, burgueses, em boa situação financeira, muitos franceses tinham contato com o palácio imperial e com a fina flor da sociedade. A propaganda espírita atingia o *crème de la crème* da sociedade.

Discretos, eles se reuniam em casa, participando das sessões apenas os iniciados. Durante a Guerra do Paraguai, enquanto um clima de angústia invadia o país e a instabilidade econômica aumentava, Machado de Assis, amigo de Hubert e Lieutaud, publicou uma crônica em que dava notícia de uma dessas reuniões.

Machado noticiava, era amigo dos franceses, frequentava a Livraria Garnier, mas não era adepto. Por várias vezes, cutucou o espiritismo em seus artigos e contos. Para ele, "predizer coisas futuras, descobrir coisas perdidas e farejar as coisas vedadas" era uma boa razão para ir para a prisão ou para o hospício. E não hesitava em misturar a doutrina de Kardec com o mais reles curandeirismo:

> o simples fato de engolir rabos de raia, pés de galinha, raiz de mil-homens e outras drogas vira o juízo, embora a pessoa continue a andar na rua, a cumprimentar os conhecidos, a pagar as contas, e até a não pagá-las, o que é meio de parecer ajuizado. Substancialmente, é homem perdido. Quando eles me vêm contar

uns ditos de Samuel e de Jesus Cristo, sublinhando de filosofia de armarinho para dar na sucessiva das almas, segundo essas mesmas relatam a quem as quer ouvir, palavra que me dá vontade de chamar a polícia.

Apesar de Machado, a viagem dos espíritos prosseguiu e comprovou uma fantástica imigração religiosa: um movimento de vaivém entre os Estados Unidos, a Europa e o Brasil. Historiadores sublinham que foi em sociedades de imigrantes, em busca de suas raízes, marcadas pela saudade dos mortos que ficaram na terra natal, que o movimento espírita conheceu seu maior desenvolvimento. Seria bom lembrar que, ao longo do século XIX, o império brasileiro recebeu suíços, ingleses, franceses, portugueses, italianos e espanhóis e, até 1850, momento da lei que interditou oficialmente o tráfico de escravos, africanos de nações diversas.

As mesas volantes chegam ao Brasil

Conta um especialista que o primeiro jornal a dar notícia das mesas volantes entre nós foi o *Jornal do Comércio*, do Rio de Janeiro. A 14 de junho de 1853, na coluna "Exterior", dava conta dos fatos que empolgavam os Estados Unidos, enquanto, de Berlim, o médico José da Gama e Castro informava: "Não há neste momento uma reunião na Alemanha na qual não se fale na nova importação americana – *the moving table* – e não se experimente mais de uma vez o fenômeno", o qual Castro descrevia em seguida.

Informação confirmada pelo *Diário de Pernambuco*, cujo correspondente em Paris afirmava que era impossível entrar num salão sem que se visse uma mesa redonda, e os presentes, dedos mínimos entrelaçados, esperando em silêncio a mesa voltear. A febre bateu nos trópicos, e o articulista de *O Folhetim* relatava que nada mais importava: nem a alta dos juros, nem a oposição parlamentar ou a passagem de novos cantores estrangeiros. A mesa que antes servia de suporte para pratos e jarros de flores agora recebia carícias de "mãozinhas" que despertariam inveja. Numa época em que mãos femininas eram objeto de desejo, quem dera ser mesa!

A notícia correu e, em agosto de 1853, o jornal *O Cearense* contava como na casa de certo José Schmit de Vasconcelos, comerciante da praça de Fortaleza, o fenômeno se repetiu com oito convidados, entre eles um vigário. Embasbacados, todos viram mesas com pé de galo e bancos de piano se moverem com "rotação vigorosa". Não, não era certo duvidar da existência do maravilhoso!

Às vésperas da festa de São Pedro, moíam-se os roletes da cana recém-colhida, lia-se a sorte no copo d'água ou nas brasas da fogueira e famílias e convidados silenciosos interrogavam mesas, chapéus, todos "com as mãos estendidas formando cadeias digitais", segundo contou certo dr. José de Gama e Castro.

Os jornais se enchiam de traduções de artigos estrangeiros sobre mesas que voltejavam em Paris, Londres ou Hamburgo. Entre cinismo e ironia, alguns descreviam a "Seita dos Espíritos". Outros confirmavam essa abertura para "infinitos horizontes", pois as mesas não eram mais movidas apenas por fluidos, mas, tendo "ascendido ao ponto culminante da ciência [...] se punham em relação com os mortos, coligindo-lhes os pensamentos e transcrevendo as palavras", explicava *O Cearense*. Tais afirmações ou sinais de simpatia pelo fenômeno ganhavam o apoio de autoridades. Nas melhores casas, reunida a boa sociedade, as mesas giravam.

Para desqualificar o fenômeno, tampouco faltaram "causos", como o do matuto que apontava no atlas anatômico as partes doentes de um corpo, ou como uma mesa de três pés que, por meio de batidas no chão, fazia as quatro operações aritméticas, ou ainda o piano que se punha a dançar polca, acompanhando o ritmo da música com movimentos. As palavras que mais se liam nesses relatos eram: segredos, controvérsia, pasmo! E o correspondente do jornal *O Cearense* a admoestar: "Porque não podemos compreender, explicar, devemos duvidar? Ridícula vaidade é esta do orgulho humano que, para acreditar nas obras da Criação, quer ser participante de todos os segredos da divindade!".

O jornalista participou ele mesmo de uma dessas experiências e confirmava: era espantoso! Tudo verdade! Fiéis da Igreja também aderiam, como o autor de O *mistério da dança das mesas desenvolvido e publicado por um católico*.

O país mudava. Orientadores em assuntos sobrenaturais, magnetizadores e depois médiuns tomariam o lugar dos feiticeiros. O término do tráfico negreiro tinha injetado dinheiro nas capitais, que se modernizavam. Com o fim da Guerra do Paraguai, o Partido Republicano, assim como o movimento abolicionista, ganhou músculos. Tentava-se copiar Paris nas modas, nos gostos estéticos e nas ideias. Acreditava-se que apenas a ciência e a educação poderiam melhorar os homens. Com algum atraso, granjeavam repercussão entre nós os movimentos que já tinham ganhado a Europa: o positivismo, o materialismo, o darwinismo. Grupos se reuniam em torno da necessidade de reformas políticas e da emancipação dos escravos. Muitos deles eram integrados por espíritas.

E, tal como no exterior, a ciência não calava o sobrenatural. O catolicismo, religião de Estado que escondia outras práticas condenadas pela ortodoxia, ao se deparar com a onda de materialismo, buscou reforços. E o povo, tal como fizera Kardec, não afrontava a instituição, mas seguia acendendo uma vela ao papa e outra aos espíritos.

Apoiada na encíclica *Mirari Vos*, que condenava a liberdade de consciência, e a partir da *Quanta Cura*, de 1864, a Igreja repudiou o liberalismo e o progresso. O importante, diziam os bispos, eram os sacramentos e a rígida moral. Qualquer outra forma de culto era descartada, quando se devia obedecer à infalibilidade do papa. Depois da queima dos livros de Kardec, não faltou padre que dissesse que: sim, os espíritos podiam se comunicar com os vivos. Mas os bons só o faziam dentro das igrejas. Fora, era o lugar dos maus.

Vale lembrar que, segundo os Anuários Estatísticos, os censos de 1872 e 1890 apontavam para uma população quase 100% católica.

Toda a escravaria, por exemplo, se declarou católica. Compreensível. O catolicismo conferia prestígio aos seus fiéis e sinalizava: eles estariam ajustados ao sistema. Fora da Igreja, os indivíduos se tornavam inelegíveis e, para colar grau acadêmico, era preciso jurar ser católico. Por essas e outras imposições, brasileiros praticavam as mais diversas doutrinas sem rejeitar sua condição de membro da Igreja Católica. Quando as mesas volantes e o espiritismo chegaram por aqui, não foi diferente. O desejo de ser "moderno" ou "possuidor de espírito científico" empurrou muitos para a prática dupla: católico e... mais o que se quisesse. Afinal, a necessidade de acreditar não tem regras.

Todos os tipos de fenômeno interessavam. Nas livrarias não faltavam livros que eram anunciados nos jornais: *A mesa que dança e a mesa que responde – experiência do magnetismo ao alcance de todos*, de Mr. Guillard, era vendido a 1 conto de réis na Livraria Laemmert. Magnetismo e sonambulismo se transformaram em ganha-pão. O *Correio Mercantil*, em 31 de março de 1868, oferecia os serviços da "sonâmbula e cartomante madame Pettie", que continuava a tirar cartas e "sonambulizava". Como já se viu, a doutrina de origem europeia encontrou respaldo entre a comunidade francesa e fez de imigrantes e expatriados sua correia de transmissão.

E o *Diário de Notícias* de 13 de agosto de 1870, por exemplo, trazia a seguinte notícia:

> Tem sido muito procuradas nas livrarias do sr. Dupont, à rua Gonçalves Dias, as diversas obras de espiritismo. Deferentes sectários desta ciência, presididos pelo sr. Carlos Torres Homem, pretendem divulgar tão curiosas matérias, entretendo o espírito e alargando as cogitações sobre as ciências sobrenaturais. São curiosíssimos os volumes que aquela creditada livraria tem sobre este assunto.

A comunicação com os espíritos não era novidade entre nós. O culto dos orixás e dos ancestrais, protegido por um processo de sincretismo com o catolicismo, fizera proliferar curandeiros e adivinhos. A ideia de que as almas dos falecidos reuniam-se à grande família espiritual do outro lado do Atlântico era, nesses rituais, de grande importância. Famosos eram os feiticeiros capazes de reconstruir tradições africanas que, no cotidiano, ofereciam conforto para escravos, forros e livres.

As encarnações sucessivas tiveram em Mariano José Pereira da Fonseca, marques de Maricá, senador e ministro da Fazenda, um entusiasmado defensor. Mas ele não foi apenas um interessado em entrever o que sucedia do outro lado ou fazer girar mesas. Ele militava contra a permanência de uma religião de Estado e, na condição de socialista utópico, queria suprimir regalias e privilégios. Vale sublinhar que as tendências místicas vinham então envoltas nas mais modernas tendências liberais. Precoce crítico da visão materialista do mundo, Maricá costumava dizer: "Tudo na natureza desmente o ateu, até sua própria existência e argumentação". E Maricá acreditava no evolucionismo social e na reencarnação como forma de aprimoramento da alma humana: "[...] a nossa vida não se limita à curta existência neste mundo, mas terá de prolongar-se pela eternidade com variados corpos em inumeráveis mundos".

Falecido em 1848, Maricá não teve tempo de ver as discussões sobre reencarnação e socialismo que o século preparava. Mas os adeptos do magnetismo e do sonambulismo foram legião, sobretudo entre as classes mais elevadas. Por curiosidade ou passatempo, aderiam padres, escritores, doutores e bacharéis. Especialistas listaram: marquês de Olinda, visconde de Uberaba e de Monte Alegre, barão de Cairu, monsenhor Pinto de Campos, o poeta e historiógrafo Melo Moraes, o general José Ignácio de Abreu e Lima, entre outros. O sucesso das "cadeias digitais" enchia os jornais.

Até dom Romualdo de Seixas, arcebispo da Bahia, recebera certa noite a vizinha de uma irmã. Ela o olhou fixamente, balbuciou seu nome e desapareceu. Soube no dia seguinte que ela morrera. A história entrou para os anais. Já certo padre Bernardino de Souza era um dos homens de batina que se perguntava sobre os efeitos do magnetismo e repudiava a ideia de condenar aquilo que a ciência ainda não explicava.

Apesar da condenação do Santo Ofício, as pessoas prosseguiam suas sessões, com novas adaptações: uma das variantes consistia em colocar cartões com letras na mesa, e então um copo emborcado, dedos suavemente apoiados nele, deslizava em direção às respostas. O magnetismo abria suavemente as portas para o espiritismo.

"A MAGIA NO SÉCULO XIX"

A manchete da *Revista Popular* de abril de 1859 chamava para um artigo no qual se discorria sobre o "amor do maravilhoso", a "curiosidade sempre ávida de mistérios, apaixonada pelo desconhecido". Segundo o articulista, os anos não modificariam esse gosto. "Tão poderoso e vivaz é o instinto de credulidade que, se não apelamos para o raciocínio, admitimos os contos mais ridículos e extravagantes", sublinhava.

Sim, as pessoas acreditavam em fatos aparentemente fantásticos. Mas não deviam. Afinal, eles eram construídos pela imaginação humana. O bom senso devia prevalecer, sempre. Porém... Porém, fatos recentes tinham prendido a atenção dos homens mais esclarecidos: "Passava a feitiçaria por morta, bem morta; longe disso está viva como nunca", admirava-se o articulista. E concluía: "crentes ou incrédulos, todos nos vemos obrigados a contar com esta potência misteriosa e a prestar-lhe alguma atenção [...] É, pois, hoje um fato consumado: a magia renasce vigorosa no século XIX".

Os feiticeiros modernos não frequentavam mais missas negras ou dançavam sobre o túmulo dos bispos. Eles faziam as mesas falar, evocavam os defuntos e conversavam com almas boas ou más. Reabilitava-se a magia que nos séculos anteriores não tinha outro fim senão o Mal. Agora, só obrava o Bem. O assunto interessava os estudiosos de história, filosofia, teologia e ciências. Os céticos que ousassem discordar se viam esmagados pelo número de crentes. Não havia meio de negar. Os fatos se evidenciavam: as mesas volantes só não voavam pelas janelas. As "corporações científicas" tinham medo de confessar:

tratava-se de "fenômenos sobrenaturais". Explicação? A "força motriz", uma faculdade da alma que obrava espontaneamente de acordo com o pensamento ou o desejo.

"Poder estranho" ou "sugestão" são palavras que tentavam definir a experiência do magnetismo. Como vimos, ele fora largamente usado na França em fins do século XVIII. Seu fundador, o austríaco Franz Anton Mesmer, afirmava que existia um fluido que cercava e penetrava os corpos. Denominou-o "magnetismo animal" e, a partir de seus experimentos, desenvolveu tratamentos de cura para doenças as mais variadas. Mesmer acreditava que as moléstias advinham da ação descontrolada do fluxo vital. Para direcioná-lo, usavam-se as mãos, toques e massagens em certas partes do corpo. Ser tocado por ele era a ambição de três quartos dos parisienses, observou Alexandre Dumas. Até Maria Antonieta, a rainha, o foi. A morte de Mesmer, em 1815, não significou o fim dos experimentos. Curas por meio magnético seguiram sendo usadas por leigos ou médicos.

Em 1835, um grupo de pesquisadores ligados à Faculdade de Medicina de Paris retomou o assunto, dedicando-se ao chamado "sonambulismo". Em meados do século XIX, "mesmeristas" cediam lugar aos "sonâmbulos" tanto nos diagnósticos quanto nos tratamentos de cura. Acreditava-se que, quando em sono profundo, chamado também de "sono lúcido", os sonâmbulos se libertavam das limitações do corpo físico, passando para o outro lado. Com a visão ampliada, eram capazes de ver através dos corpos. Podiam, assim, detectar doenças, apontar órgãos fragilizados e fazer previsões. Podiam ver, no além, espíritos e habitantes de mundos extraterrestres. E, por fim, tinham informações sobre o passado e o futuro. Os contemporâneos achavam tudo isso natural e real, pois o sonambulismo se inscrevia no quadro de uma ciência: o magnetismo. A sonâmbula (quase sempre uma mulher, como se verá na próxima seção) rapidamente encontraria seu lugar ao lado de médicos e físicos.

Médicos alienistas acreditavam que, graças às emanações desse "maravilhoso instrumento da Criação", dois cérebros distintos podiam

se comunicar. O estado sonambúlico aumentava as capacidades sensoriais. A audição se tornava extremamente sensível, assim como a visão
interior, capaz de detectar doenças. Histéricas e epiléticos, possuidores
de "cérebros irritáveis", eram os melhores agentes para o sucesso da
prática sonambúlica. Esse mesmo sucesso a tornou bem recebida nos
hospitais franceses, onde visões de sonâmbulas foram usadas na redu-
ção de dores crônicas ou com função analgésica e anestésica.

A ideia do magnetismo e do sonâmbulo que mergulhava no chamado "sono magnético" se propagou graças às descobertas da eletricidade. Essa estranha sensação imprecisa, incerta e problemática, o
sonambulismo, anunciava um estado alterado de consciência. E tal
disfunção ora parecia ligada à hipnose ora a um estado mais profundo
e mais difícil de definir. A indeterminação era a sua riqueza, tornando
o sonambulismo e, depois, a mediunidade verdadeiros ritos de transe,
ao mesmo tempo que uma forma de comunicação com o além ou de
terapêutica de si e dos outros.

Alexandre Dumas, muito lido no Brasil, adorava magnetizar e
difundiu a ideia do magnetismo em seus romances. Balzac e George Sand participavam de espetáculos de ilusionismo e magnetização.
Magnetismo e sonambulismo se mantiveram como práticas eficientes
no terreno da cura e da ciência. Já o espiritismo e a cartomancia eram
jogados na mesma cesta, como se vê neste editorial do *Diário de Notícias* de dezembro de 1870:

> O espiritismo consiste no poder de fazer comparecer espíri-
> tos, isto é, de fazer sair do pó das catacumbas aqueles que nela
> foram depositados há longo tempo, isto a fim de virem responder
> as questões que se lhes propõem. Se no magnetismo, e no sonam-
> bulismo, achamos alguma cousa realmente existente, aqui nada
> se encontra que não seja pura fantasmagoria; nada, absolutamen-
> te nada, existe de admissível em tão grosseiro charlatanismo e
> faz pasmar que homens que campam de inteligentes se deixem
> levar pelos espetáculos grosseiros de uma nigromancia digna de

séculos mais afastados; será porque à testa dos espiritistas se acha alguém que possa merecer-lhe importância e crédito? Talvez.

Os espíritas tiveram trabalho em explicar que a doutrina que seguiam nada tinha de fantástico. Multiplicavam-se as cartas nos jornais explicando os limites entre o que se considerava necromancia e os textos de Kardec.

– Lemos lá em casa o seu artigo. Ficamos admirados; pois tu acreditas em mesas giratórias e outras coisas assim?
– Não se trata de nada disso, homem. Allan Kardec, espiritismo e filosofia são coisas diferentes da mesa de girar. É uma teoria filosófica, e como tal é que eu recomendava o sistema [...]; reconheço que são obras transcendentais que não têm fácil extração como o romance e a novela tanto em moda entre nós. Recomendo Allan Kardec como autor apreciável em filosofia, e vem logo um que não leu, dar-me entrada na confraria das mesas giratórias, e coisas semelhantes.

Com a divulgação crescente do magnetismo e do espiritismo, aumentou o número de pessoas que trocavam práticas ancestrais de feitiçaria afro-brasileira pela cartomante, o magnetizador ou a sonâmbula. Moda francesa! Abandonava-se a cultura tradicional pela nova. As brechas abertas pelo magnetismo deixavam entrar a doutrina de Kardec.

ENQUANTO ISSO, NA BAHIA DE TODOS OS ORIXÁS...

Na província da Bahia, assombrações e espíritos atazanavam os escravos nas senzalas e os senhores nos sobrados. O temor de despachos e mandingas ou dos tambores de candomblé integrava o cotidiano. Soluções mágicas e o mundo invisível andavam de mãos-dadas. Não à toa, os baianos foram pioneiros em abraçar o espiritismo. A "marcha ascendente do espírito humano" teve início nas suas praias.

Em setembro de 1865, Luiz Olímpio Teles de Menezes, professor e jornalista, foi o articulador do primeiro Grupo Familiar do Espiritismo, fundador do primeiro jornal, *O Eco do Além-Túmulo*, e tradutor do primeiro livro espírita no país, *Filosofia espiritualista*, que vendeu mil exemplares em um mês. Cercado da nata da sociedade baiana, o grupo rapidamente passou a uma campanha de conquista de novos adeptos. As obras de Kardec eram discutidas com paixão. E Teles de Menezes enfrentou sem temor as "iras e perseguições" que, desde o início, atingiram a nova doutrina.

O primeiro número do periódico, de julho de 1869, abriu com entusiasmo: "Maravilhoso é o fenômeno da manifestação dos espíritos e, por toda a parte, ei-lo que surge e vulgariza-se". As ideias emanadas de "milhares de comunicações obtidas das revelações dos espíritos" se manifestavam por evocação. Bastava chamá-los. Essa "grande verdade" não era privilégio de ninguém. Qualquer pessoa, na intimidade de sua família, poderia encontrar um médium entre seus parentes. No entanto, ter a faculdade especial de se comunicar com os mortos, além de configurar um gesto de bondade do "Deus--Trino", exigia estudos. Estudos que provavam que "o maravilhoso fenômeno da comunicação com os espíritos" não era nenhuma novidade. Ele existia desde o aparecimento do homem sobre a Terra e demonstrava ser "consequência de leis imutáveis que regem o mundo". As benesses? Definições claras para os fenômenos "sobrenaturais", além de combater o materialismo e o egoísmo, "chaga cancerosa da humanidade".

Mas o contato com o espiritismo era anterior à fundação do jornal. O número 2 de *O Eco*, de setembro de 1869, registrava o nascimento da "ideia espírita" na terra dos orixás há algum tempo: "no curto espaço de três anos e meio que há decorrido de sua manifestação entre nós tem-se difundido com rapidez verdadeiramente providencial". Nesses anos, perseguiu-se a "perfectibilidade do espírito humano" e a maneira de levá-la "ao coração dos homens e à Imprensa", escrevia Teles de Menezes.

Para propagar a "salutar crença", o articulista pedia doações para a compra de papel-imprensa – os preços estavam sempre subindo –, no que foi atendido por dois professores, dois farmacêuticos, um advogado e fundador do Instituto Histórico da Bahia e dois médicos. *O Eco* seria impresso na França, para impulsionar a divulgação do espiritismo cá no Brasil. Portanto, havia muita movimentação e contato com a Europa em torno do assunto. O próprio Kardec soube da iniciativa, que louvou em sua *Revue Spirite*, lançada em 1857. E, como ele mesmo dizia, "chegara o tempo" e "o espiritismo estava no ar".

Qualquer um podia falar com os espíritos? Não. Eles não eram uma resposta às fantasias. E sim "seres do mundo invisível" diante dos quais se obedeciam a certas regras: usar de linguagem adequada, ser compassivo e respeitoso com os superiores, firme com os maus e obstinados. E, mais importante, era preciso saber fazer perguntas. A conversa com os mortos era uma arte que exigia "tino e conhecimento do terreno".

Dois anos depois, a Igreja reagiu através de uma pastoral do arcebispo da Bahia, dom Manuel Joaquim da Silveira. Reencarnação nem pensar, pois era contrária à ideia de Juízo Final. E se as almas existissem antes do corpo, por que não se lembravam das vidas passadas? E como acreditar que a de santo Agostinho, um sábio, teria encarnado num "menino de escola"? Demônios como espíritos imperfeitos e eternidade sem inferno? Nunca. Macacos em lugar de Adão e Eva, como queria *O livro dos espíritos*, favorável à teoria da evolução?! Cruzes. Pior eram as "superstições perigosas" e a prática da comunicação entre vivos e mortos, que remetia à invocação dos eguns pelos negros, considerada altamente reprovável. Tudo isso eram "fábulas" ou "manifestações do Espírito das Trevas"! Não à toa, a *Bahia Ilustrada* resumiu numa sátira: "o espiritismo era dos brancos desta terra memorável, candomblé"!

E a troca de tiros prosseguiu. Teles de Menezes voltou a escrever ao bispo uma carta de 82 páginas defendendo as "doutrinas do espiritismo" e dando às suas palavras um tom conciliador: "[...] o espiritismo e o catolicismo são a mesma Igreja de Nosso Senhor Jesus Cristo, somente estão mudados os tempos e as palavras...". Mais, o espiritismo era uma ciência, e não uma religião. Era "uma renovação dos tempos bíblicos". Por isso mesmo, ele, Teles de Menezes, se assumia católico. Divergências sobre o lugar do inferno e do purgatório seriam apenas de localização. Não ficavam no mapa do além, mas aqui, na Terra. Eram ou o estado do espírito em pecado mortal ou do espírito que pecara e agora fazia penitências. Valia a mobilidade entre "moradas" até atingir a conduta ideal. Quanto à invocação dos mortos, ela fora proibida num contexto específico. E dirigida exclusivamente aos hebreus em fuga do Egito. Não se aplicava aos católicos do século XIX.

Ainda houve segunda resposta da pena do jovem padre Juliano José de Miranda. Ele advertia que "o público evidentemente anseia a morte do espiritismo". Enganou-se. No mesmo ano de 1867, o livreto do dr. Teles de Menezes ganhou reedição e conquistou mais corações e mentes. O que mais irritava a Igreja era o fato de os espíritas serem ótimos católicos, frequentadores das missas dominicais. Porém, essa mescla estava longe de ajudar o catolicismo.

Tal como na França de Kardec, faziam parte do Grupo baiano aristocratas da estatura de Francisco da Rocha Pita e Argolo, visconde de Passé, e também o barão de Sauípe. Também médicos como o dr. Joaquim Carneiro de Campos, filho do marquês de Caravelas, e o dr. Guilherme Pereira Rebelo, e até o delegado de polícia José Álvares do Amaral e o comendador da Ordem da Rosa Álvaro Tibério de Moncorvo, ex-presidente da província, entre outros.

E, entre esses outros, o progressista e abolicionista Durval Vieira de Aguiar, "médium" conhecido por receber o espírito de Lamartine, que lhe teria dito: "O caminho da liberdade era o caminho do futuro". Não por acaso, no *Diário da Bahia*, vários artigos assinados por "Voltaire", "Diderot" e "d'Alembert" e escritos "sob a influência desses grandes gênios na sabedoria, heróis da liberdade", porém em perfeita comunhão com as opiniões espíritas, exibiam o desejo de pôr um fim à escravidão.

A repressão da Igreja, porém, só chamou atenção para o Grupo e multiplicou as sessões na cidade. Mais e mais pessoas estudavam a doutrina e tinham na caridade e na assistência aos necessitados sua preocupação. Mas também mais e mais pessoas buscavam a comprovação da existência de espíritos e a consolação de conversar com os mortos.

O poeta Júlio César Leal foi o primeiro soteropolitano a fazer uma profissão de fé poética. Maçom, como tantos outros futuros espíritas, Leal frequentava certa loja na qual, um dia, fizeram uma experiência. Fecharam a porta de um quarto e pediram aos espíritos que lhes dessem uma prova da vida após a morte. Batidas na porta pelo lado de dentro anunciaram o resultado: uma mensagem escrita e assinada foi encontrada sobre a mesa. Depois, num folheto de dezesseis páginas, Leal fez, então, uma defesa apaixonada: em *O espiritismo: meditação poética sobre o mundo invisível*, ele mostrava a pureza da doutrina. Nada de contaminação com práticas africanas, explicava. Mas, num ambiente romântico, a descrição dos princípios da reencarnação:

> Ao deixar a matéria, sem demora
> Entra de novo na mansão etérea
> Conhece-se habitando em substância
> No lugar donde outrora partira
> Para o corpo animar, que então deixara [...].

Não foi o único. Castro Alves, coroado pelo sucesso, estabeleceu-se na capital, em 1868, por oito meses. Não escapou ao assunto que submergia a cidade e seus meios intelectuais. De volta a São Paulo, em carta ao amigo Augusto Guimarães, abolicionista e político, mencionava "o enigma de minha crença". Há quem diga que seu célebre "Os escravos" é de evidente cunho espírita.

É impossível que, sendo admirador de Victor Hugo, o poeta desconhecesse a aventura metapsíquica do grande escritor francês. De volta a Curralinho para morrer, tornou-se místico e pediu ao amigo que lhe conseguisse um exemplar de *Poética do espiritismo*, de Kardec. Planejava, então, escrever um poema histórico dramático, apoiado na doutrina. Segundo um especialista, ele chegou a esboçar aquele que se chamaria *A República de Palmares*, texto que começaria com a morte da heroína Ema e contaria suas sucessivas encarnações. Entusiasmo ou conversão? Não se sabe.

Dois meses após a morte de Castro Alves, a 24 de agosto de 1871, um requerimento dirigido ao vice-presidente da província da Bahia solicitava aprovação para o funcionamento da Sociedade Espírita Brasileira. O reconhecimento oficial esbarrou, contudo, em inúmeros obstáculos, entre os quais a aprovação do bispo que havia brigado com Teles de Menezes.

A solução foi se apresentar como uma sociedade literária e beneficente. A Constituição do Império permitia a existência de outras religiões? No seu artigo 5, sim. Mas só para inglês ver... Tanto que o bispado venceu: "Uma sociedade cuja doutrina tem por finalidade contrariar a religião de Estado é contra o mesmo Estado". A Igreja esmagava o que pensou ser a cabeça da serpente.

Errou, pois a serpente tinha duas cabeças. E a outra delas foi a Questão Religiosa, que ajudou a fragilizar a relação entre Igreja e Estado. O impasse teve origem em 1872, quando bispos resolveram implicar com a maçonaria. Ela estava entranhada na sociedade e contava até com padres nas suas fileiras. Porém, uma atitude radical ordenada por Roma levou as autoridades religiosas a tomar atitudes extremas em relação aos maçons. Eles deveriam ser expulsos das irmandades religiosas às quais pertenciam e não poderiam mais ser enterrados em campo consagrado. O governo reagiu: as irmandades tinham amparo na lei secular.

Houve troca de artigos inflamados na imprensa, um lado acusando o outro. O resultado foi uma tensão que culminou com a prisão de dom Vital, bispo de Olinda, e de dom Macedo Costa. As ordenações papais não eram reconhecidas pelo governo do Império, e os bispos incorreram em culpa de desobediência civil, sendo presos e condenados a trabalhos forçados. Pouco tempo depois, foram anistiados. Mas isso não aplacou o azedo debate a respeito da união entre Igreja e Estado.

O enfraquecimento da Igreja abriu brechas para outras doutrinas. E, depois de sete anos de batalha, a vaga do espiritismo começou a fluir para o Sudeste, contagiando a corte.

OS ESPÍRITOS NA CORTE BRASILEIRA

A vida do barão de Santo Ângelo era dura. O título que recebeu tardiamente não lhe dava nenhuma regalia. Nasceu e morreu pobre. Dos maiores artistas do país, ele não tinha dúvidas: no Brasil, a arte era um "elemento de luxo individual e não um elemento de civilização". O baronato veio em 1874, quando sua situação financeira e saúde se deterioravam. Manuel José de Araújo Porto-Alegre, o futuro barão, nascido a 29 de novembro de 1806, foi para a corte aos 21 anos estudar desenho com o artista francês Jean-Baptiste Debret na Academia Imperial de Belas Artes. Era conhecido entre seus pares como "o homem-tudo": poeta, escritor, jornalista, arquiteto, orador, crítico e historiador da arte e diplomata.

Protegido do mordomo do imperador, Paulo Barbosa da Silva, se aproximou de dom Pedro II, de quem se tornou amigo. Depositava no governante todas as suas esperanças de melhoria do país. E entusiasmava-se: "Senhor, moço como sois, podeis abarcar esse império de um extremo ao outro e levantá-lo ao nível das nações mais nobres".

Viveu em Paris de 1831 a 1837 e, quando voltou ao Brasil, casou-se e se tornou diretor da mesma academia onde estudara. No discurso de posse, mostrou que estava atento às conquistas do tempo:

> O brasileiro já desenha com luz, escreve com o raio e navega com o fogo; já se apoderou das três almas do grande século em que vivemos [...] O fio elétrico, o que leva a palavra pelos ares, pelas profundezas do mar e da terra, foi seguido pela nova luz do

gás, e pela velocidade da locomotiva. As trevas desapareceram e o tempo e o espaço se encurtaram, a nossa vida duplicou-se porque vamos doravante contar os dias do passado por horas e as horas por minutos. Em um ano tão fecundo como o de 1854, não devemos ficar estacionários.

Sua proximidade com a homeopatia e o espiritismo vinha de longa data. Em carta do Rio de Janeiro ao sogro, em abril de 1844, a ligação com o assunto se esclarecia. Ele agradecia a aproximação com o dr. Benoît Mure, de quem dava notícias. O dr. Mure não era qualquer um. Chegara à corte em 1840, a bordo do navio *Eole*, vindo da França. Desenvolvera a prática da "Lei das Similitudes de Hahnemann" e fazia preparações medicinais numa máquina que inventara. Sua preocupação era mais social do que médica, pois se acreditava divulgador de uma "missão" para melhorar a vida das pessoas. De acordo com Mure, a homeopatia era mais uma das revoluções na ordem dos tempos. Dessa vez na medicina. O círculo homeopático estaria ligado, segundo seus adeptos, à "direção do mundo invisível".

Adepto das teses do utopista Louis Fourier, ele também um teórico da reencarnação, o dr. Mure queria criar no Brasil um falanstério: propriedade coletiva regida por princípios socialistas e baseada na fraternidade. Dom Pedro II, simpático ao assunto, lhe ofereceu 60 contos de réis e uma área de quatro léguas em Santa Catarina, para onde foi encaminhado, entre 1842 e 1843, um grupo de 217 franceses.

O experimento não deu certo, e Mure se instalou no Rio de Janeiro, fundando em companhia do cirurgião português João Vicente Martins e dois médicos brasileiros, dr. Gama de Castro e dr. Lisboa, um dispensário "destinado a propagar a homeopatia entre as classes pobres". E depois a Botica Homeopática Central, primeira farmácia do gênero no Brasil. O povo via no receituário algo do tipo "feitiço em vidrinhos". Mas usava-os, e muito.

No início do século XIX, a homeopatia tomava impulso e se apresentava como uma revolução no conhecimento que se tinha até então em medicina. Seu método era o inverso do sistema difundido pela alopatia, considerada por Mure "medicina antiga, tradicional". Ora, para ele, a homeopatia não devia ser concebida como um sistema isolado nem das outras ciências nem de uma prática econômica e política. Ela seria parte de um todo, representando uma abordagem holística dos seres e do mundo.

Para satisfação de Mure, o imperador reconheceu a homeopatia por decreto a 6 de abril de 1846. Não demorou a reação dos alopatas contra o que consideravam uma impostura. Por várias razões, o homeopata retornou à França, em 1848. Mas deixou aqui um clima favorável aos feitos e fatos "espiritualistas". Porém, nem tudo foram flores na introdução da homeopatia.

O próprio Porto-Alegre registrou em carta: "O dr. Mure é um homem de conhecimentos, nele confio eu, mas aos outros, exceto o dr. Lisboa que também estudou, não me entregarei facilmente". O francês estaria rodeado de "charlatães que por sua mudança súbita a um sistema novo têm caído num exclusivismo que arrepia as carnes".

Nos tempos em que a homeopatia se instalava entre nós, vivia-se, segundo Porto-Alegre, uma "época orgânica" e esperava-se o "futuro de grandes coisas". Na Europa, "tudo se prepara para alguma coisa". E, em carta ao sogro, arrematava suas impressões, cheias de críticas ao materialismo e com esperanças num novo tempo:

> Grandes combates haverão; os homens positivos e exclusivos ainda sustentam o cetro da mais alta posição e a calúnia e o barulho dos fardos da alfândega ainda é mais alta que as vozes modestas dos homens que invocam o futuro. Esta reação que começa agora em ponto pequeníssimo tem de lutar muito e por alguns anos ainda antes de chegarmos ao desejado.

Em 1857, Porto-Alegre partiu para seu primeiro posto diplomático na Prússia. Foi designado cônsul. Certamente, ali avivou os conhecimentos e contatos que conseguira em sua primeira viagem à

Europa, quando estudante. Nas idas que fazia a Paris, recebeu do próprio Allan Kardec um exemplar da *Revue Spirite*. Por essa época, ele praticava a doutrina e realizava sessões espíritas em casa, como se vê em correspondência com o amigo Domingos de Magalhães:

Eu tive uma consulta de um espírito que é como se fosse ditada por Deus, tão exata foi! Foi dada em Berlim estando eu aqui doente. Que maravilha! Todos os sintomas, toda a marcha do mal, as causas físicas e morais foram descritas com a mais perfeita e segura verdade.

Adiante, na mesma carta, seguiam explicações:

O espiritismo liga os dois mundos, o material e o espiritual de uma forma clara, assim como a vida presente com a futura [...] Lineu disse: a natureza não dá saltos. O espiritismo diz, o espírito não morre, deixa a matéria e continua. Não se deixa a Terra logo, não há saltos [...] Não é bom exceder as prescrições dos espíritos, nem zombar no momento das evocações. Os espíritos são discretos, poupam aflições e aconselham o bem [...] A Terra é um planeta inferior, o que não acontece a Júpiter, que já é superior e onde se vive de 300 a 400 anos, conforme o decreto de Deus [...] As pessoas do outro mundo são admiráveis pela sua ordem e perfeição.

Ainda na mesma carta, comentou que a princesa Isabel teria lhe perguntado sobre quem seria "seu espírito protetor". Resposta: "Escrevi-lhe com toda a lisura de minha alma, mas não sei se recebeu a carta... Havia de receber, ora diga-me?", perguntava, visivelmente irritado por nunca ter recebido retorno dela.

Receoso da "caça às bruxas", Porto-Alegre preferia falar em manifestações de sonambulismo ou magnetismo. Fugia, assim, aos preconceitos. Em carta ao amigo Joaquim Manuel de Macedo, pedia "reserva", pois "tinha medo de passar por louco". Mas não deixava de falar do assunto. Sua peça teatral *Os voluntários da pátria* colocou em cena uma sonâmbula, dona Alexandrina, que via à distância. A personagem era inspirada em uma vidente brasileira que ele conhecera na cidade de Dresden. Incendiário, o texto assumia publicamente e contra a Igreja sua posição de kardecista. E isso quando o espiritismo ainda era visto como coisa de Satanás. A personagem não escondia: embora se apresentasse como vidente, "escrevia pedindo conselhos ao anjo da guarda"! Para bom entendedor...

Porto-Alegre se sentia um soldado em meio ao combate do século: o espiritualismo contra o materialismo. Esse último representado nos "excessos do luxo", nos casamentos por dinheiro e em "outros vícios" da burguesia.

Pouco depois, em 1867, movido pelos debates humanitários que alimentavam o espiritismo, Porto-Alegre enviou a dom Pedro um memorial de sua autoria sobre a extinção gradual da escravidão no Brasil: "obra gigantesca e salvadora que lhe dará glória" e o "Império debaixo de tão altos guias". A proposta abolicionista de Bezerra de Meneses, como veremos adiante, só viria dois anos depois.

Na mesma época, escreveu de Paris, onde se encontrava em missão diplomática preparando a participação do Império na Exposição Universal de 1867. Depois de louvar Napoleão III, amigo e admirador de Kardec por seu "gênio, grandeza e simplicidade", comentou sobre a colônia brasileira: era constituída de "gente de todos os calibres, principalmente da espécie asinina – de asnos". Mostrando-se pessimista em relação ao fim da escravidão e aos governantes, martelava: "não vejo senão cegos e da pior qualidade que é a dos que não querem ver".

E para concluir: "o decênio era fatal". "Se os nossos governantes e legisladores fossem espiritistas, tudo andaria melhor, porque haveriam de crer em Deus, na vida futura, e olhar para seus grandes e sublimes deveres".

O pessimismo típico do romantismo invadia seus pensamentos. Dizia ter "terríveis pressentimentos" sobre o país. Ele previa que, depois da Guerra do Paraguai, nossos males seriam maiores: "O governo planta a descrença no coração da mocidade e coloca nos velhos a desesperança". Acusava: "Microscópicos estadistas arruinavam tudo". E ele via em toda a parte uma "orgia moral". Cerrando fileiras com os espíritas, declarava-se "inimigo do materialismo oficial": "hei de comparecer diante de Deus sem o crime de lesa moral e sem ter culpa de corruptor". E, sobre uma comunicação que recebera, registrava: "as almas não são crianças como pensa muita gente".

Em carta a dom Pedro II, rabiscou um enunciado dramático: "o Brasil às vésperas de um triunfo ou de uma catástrofe". E, nas linhas a seguir, assumiu, sem disfarces, o discurso espírita, ditando ao soberano o que fazer:

> As minhas apreensões são grandes, maiores são minhas esperanças porque confio em Deus. Nada será, Senhor, se Vossa Majestade Imperial começar já o remonte de sua Grande Missão, a que o colocará no céu, ao lado de Deus, e na Terra, a par dos maiores homens da humanidade.
>
> Os soberanos de sua natureza são mandados; e Vossa Majestade Imperial tem de ser o apóstolo da verdadeira liberdade da regeneração do Brasil e o imortal criador da segunda via do Império Americano sem a qual ele deixará de existir.
>
> Há princípios nos quais está Deus e os homens. O primeiro vive eternamente e os segundos morrem como coisas transitórias [...] A medicina social é mais difícil do que a corporal porque deve curar e impedir as moléstias. Prevenir as coisas a tempo e impedir desastres é a sabedoria [...] Vossa Majestade Imperial, além de outros pactos, já teve dons bem extraordinários, que bel lhe mostraram que é protegido por Deus e de que este o guarda para cumprir uma santa e grande missão na Terra!

Mas o grande inimigo, segundo os espíritas, martelava Porto-Alegre, era a escravidão, "pústula gangrenosa que procede de vícios internos" e que fazia dos "déspotas em casa" maus cidadãos na rua. E a dom Pedro, "Imortal benfeitor", pedia:

> Acabai com a escravidão, Senhor. Porque Deus assim determina e porque vos falo em Seu Nome. Aos pés da estátua de Vossa Majestade se colocarão emblemas marciais, troféus de vitória, as recordações e todos os florões do mais belo simbolismo. Mas nenhuma dessas coisas falará tanto ao coração humano como as imagens desses escravos livres, sorrindo em grata adoração por seu Imortal Redentor.

Dom Pedro levou a sério as recomendações? Certamente, não, mas talvez ainda se lembrasse da premonitória correspondência no dia em que foi traído pelo golpe republicano... E como Porto-Alegre sabia de tudo isso? Resposta: "Estou vendo porque minha alma está no futuro".

A seu amigo Joaquim Manuel de Macedo, escreveu outra carta, dessa vez de doze páginas, instruindo sobre como descobrir um médium e lidar com espíritos. Quem protegia o escritor? São Jerônimo. Aproveitou para contar-lhe também seus diálogos com o além e as constantes evocações do espírito de Gonçalves Dias.

Porto-Alegre se considerava médium, além de grande leitor dos textos kardecistas: "Hoje pretendo ler um diálogo entre um vivo e um morto, obra conciliadora, mas enérgica...". E levava a sério sua crença, costumando dizer: "Para o outro mundo basta o coração, porque nele penetra o olho de Deus...".

O ESPÍRITO DE ESPÁRTACO E O ABOLICIONISMO

"A revolução é o sagrado direito de um povo oprimido; num país de escravos ela se traduz pela insurreição [...] a escravidão mata o direito e se baseia na força; para repelir a força, todos os meios são bons." Com essas palavras, o abolicionismo ganhava um adepto: o espírito de Espártaco, o líder da maior revolta de escravos na Roma

Antiga, cuja presença foi solicitada por um membro do movimento durante uma sessão. Aliás, a presença de espíritas empenhados no fim da escravidão foi importante. Eles acreditavam que não haveria moralidade num país onde perdurava a escravidão. Pela boca da mesma médium que recebeu Espártaco, outro aviso: "Mas o sangue e a hora fatal estão iminentes. As crateras vão vomitar suas lavas; e, após o cataclismo, quem poderá dizer: onde foi o Brasil?". E, entre os espíritas abolicionistas, os baianos foram pioneiros.

O jovem Antônio da Silva Neto foi um deles. Nascido em Viçosa, filho de fazendeiro, bacharel em Matemática e Ciências Físicas, liberal, foi o autor, em 1866, de *Estudos sobre a emancipação dos escravos no Brasil*. Há tempos, panfletos e opúsculos sugeriam o fim da escravidão a um governo que tergiversava sobre o assunto. E que apostava no "curso natural" das consequências da Lei do Ventre Livre para extinguir a "chaga crônica". Sem filhos de escravas, em três quartos de século, seria o fim do regime.

Para Silva Neto, isso era pouco. Seria preciso impedir uma guerra civil – as crateras que vomitariam lavas – como a ocorrida nos Estados Unidos. Para atuar em prol da abolição, bastava que os jornalistas orientassem, ou melhor, conscientizassem os senhores de escravos: que eles tivessem uma conduta humanitária para com seus cativos. Em vez de castigos físicos, os morais. Nada de chicote, mas gratificações. Para ele, a propriedade justificada por leis injustas transformava a posse de escravos num crime.

Ao direito romano, que determinava que a condição do filho seguisse a do ventre materno, ele respondia com uma recomendação: liberdade para os cativos recém-nascidos e que os agricultores se preparassem para o fim da escravidão. E não confiassem no governo que prestava "pouca atenção às graves questões que afetam os interesses da lavoura".

Ah! Que os senhores moralizassem seus costumes. Nada mais de concubinatos com escravas, mas escolas agrícolas para seus filhos. E apelava: "Meu Deus, absolvei do pecado aqueles que querem prolongar a escravidão". Silva Neto alforriou seus escravos, apostava no progresso e representou as ideias liberais que grassavam nos meios universitários. Por isso mesmo, foi um dos fundadores do Clube Radical, mais tarde Clube Republicano. Juntou-se a 57 intelectuais que assinaram o Manifesto e o jornal *A República*, em cujas páginas colaborou.

E o lado espírita, quando nele despertou? A influência de outro grande republicano, o político e poeta Bittencourt Sampaio, o atraiu para o grupo de estudos que se formava na corte. O papel do magnetismo lhe interessava. Ele queria ter certeza da manifestação *post--mortem* da alma, de que duvidava: "Nada – movimento de objetos, pancadas fortes – me havia convencido de minha imortal individualidade". Mas só foi persuadido depois de ver a fotografia de um espírito. Para ele, a imagem era um dado irrefutável, uma comprovação científica da existência de outras vidas e de outros mundos. Engenheiro de formação, Silva Neto era considerado portador de conhecimentos científicos por excelência. Logo, ninguém mais abalizado para dar legitimidade às fotografias de ectoplasmas.

As reuniões contínuas convidaram a formar um núcleo, com estatutos impressos e uma diretoria. A 2 de agosto de 1873, nascia a Sociedade de Estudos Espíriticos, cujo lema era: "Sem caridade não há salvação. Sem caridade não há verdadeiro espírita". No dia de sua abertura, um sábado, manifestaram-se respectivamente os espíritos de Confúcio, filósofo chinês, e Kardec. E o recado encorajador deste último: "Trabalhai, trabalhai, pois, incessantemente, sem interrupção, sereis assistidos, esclarecidos e abençoados".

Outro grande abolicionista envolvido com o espiritismo foi Adolpho Bezerra de Meneses: cearense, nascido em 1831, filho de um tenente-coronel da Guarda Nacional e proprietário de terras onde criava gado. No Rio de Janeiro, fez os estudos de medicina, tornou--se cirurgião e deu início à carreira política ingressando no Partido Liberal. Abraçou a causa abolicionista desde então. A Fala do Trono do Imperador em 1867 havia prometido reforma no sistema? Mentira. O governo "estudava, mas não resolvia". "Estudará eternamente e nunca resolverá nada", e a Guerra do Paraguai era desculpa para o imobilismo. O novo gabinete conservador era composto só de ministros contrários à emancipação dos escravos.

Em 1870, ocupou a redação do jornal *Sentinela da Liberdade*, e por meio dos editoriais fustigava o governo. Segundo ele, o imperador, coagido, não respeitava a opinião do país, dissolvia gabinetes para atender a caprichos e facilitar perseguições. "Cancro" e "lepra" foram palavras usadas pelo médico para definir a escravidão. E o escravo se vingaria com ódio dos seus senhores, tamanho o sofrimento pelo qual passava. Quando muitos temiam o fim da mão de obra, Bezerra de Menezes citava o caso do Ceará como exemplo de situação bem-sucedida: depois da grande seca de 1845, as senzalas se esvaziaram e os senhores foram obrigados a contratar mão de obra livre. E a economia ia muito bem, obrigado.

Para não criar maiores problemas, Bezerra de Menezes apostava na libertação gradual dos cativos. Não estava só. A maioria dos emancipacionistas queria evitar uma ruptura dentro do sistema. Para evitar a "corrupção dos pretos", era obrigatório ministrar educação desde cedo: instrução primária, além de religiosa e moral. As crianças iriam para casas de criação, onde sua formação seria garantida pelo Estado. O governo gastava tanto dinheiro com o "funcionalismo estragado", por que não investir em educação? Em 1869, publicou *A escravidão no Brasil e as medidas que convém tomar para extingui-la sem danos à nação*. O texto não economiza em afirmações eletrizantes para a época:

> O escravo entre nós – e onde quer que exista – é considerado não como pessoa, mas como coisa [...] tão desumano modo de criar, educar e de tratar o escravo não produz somente o mal horrendo do embrutecimento e da degradação moral de uma raça humana; acarreta também os maiores e mais invencíveis perigos que podem ameaçar a paz e a felicidade das famílias [...] Pode haver esperança de futuro para uma nação onde a família está

irremediavelmente condenada a tão desgraçada condição? Porém esse meio – a Lei do Ventre Livre – não nos dá senão a solução de uma parte do problema; não nos dá senão a extinção da escravidão, e nós queremos a transformação do escravo em cidadão útil, sem o que todo o resultado é nulo e prejudicial.

Bezerra não tinha dúvidas: não bastava a liberdade. Era preciso trabalho, inserção e dignidade. Nove anos depois, recém-viúvo, ele recebeu de presente *O livro dos espíritos*, que devorou numa viagem de bonde. Reagiu:

> Lia; mas não encontrava nada que fosse novo para meu espírito, entretanto aquilo tudo era novo para mim! Eu já tinha lido ou ouvido tudo o que se achava no *Livro dos espíritos*. Preocupei-me seriamente com esse fato maravilhoso e a mim mesmo dizia: parece que eu era espírita inconsciente, ou, como se diz vulgarmente, de nascença.

Suas visitas a um médium receitista seguidas de curas o levaram a adotar a doutrina. Na década de 1880, o movimento contra o espiritismo recrudesceu. Ele juntou-se aos articulistas de *O Reformador*, jornal do movimento. Em agosto de 1886, numa conferência pública na Federação Espírita Brasileira e diante de um salão lotado com 1.500 pessoas, afirmou de viva voz sua adesão. No dia seguinte, *O País* publicava a notícia:

> O orador, discorrendo sobre os motivos que o levaram a abraçar a nova doutrina, fez uma brilhante comparação entre as teogonias romana e espírita, concluindo que esta e não aquela era o coroamento da teodiceia e da moral cristã. O orador teve por mais de uma hora presa a atenção dos seus ouvintes que o aclamaram com uma salva de palmas ao deixar a tribuna.

Seguiram-se o romance espírita *A casa assombrada*, em que relata fatos de sua vida, e os livros *Casamento e mortalha, História de um sonho, Evangelho do futuro*, entre outros. Dedicou sua vida à caridade, era "o médico dos pobres". Sua morte, a 11 de abril de 1900, levou à porta de sua casa incessante romaria de pobres, humildes e necessitados, assim como uma multidão às ruas, registrou *O País*.

O QUE CONTAVA A *REVISTA ESPÍRITA*

Na corte, a primeira instituição espírita a ser fundada foi a Sociedade de Estudos Espíritos – Grupo Confúcio. O ano era 1873. Conforme previsto em seus estatutos, a sociedade devia seguir os princípios e as formalidades expostos em *O livro dos espíritos* e em *O livro dos médiuns*, de Allan Kardec. Suas atividades incluíam ainda o receituário gratuito de homeopatia e a aplicação de passes aos necessitados. Sua maior virtude, entretanto, foi, como já visto, a de promover a tradução das obras básicas de Kardec para a língua portuguesa. Se, na França, o kardecismo será definido como uma doutrina, mas também uma ciência, no Brasil irá predominar a feição místico-religiosa. A tão desejada intimidade com almas, mortos, santos, eguns e orixás e a disseminação entre os segmentos mais populares ajudou na expansão do espiritismo.

Em 1875, o Grupo Confúcio lançou o segundo periódico espírita do país e o primeiro no Rio de Janeiro, a *Revista Espírita*, dirigida pelo já conhecido Silva Neto. O primeiro número foi impresso na rua Nova do Ouvidor, número 18, na imprensa de Luís dos Santos, e lançado a 1º de janeiro de 1875. Esse número pioneiro não deixava dúvidas quanto à inserção que a doutrina desejava.

Associando o espiritismo, "ciência físico-psicológica", a invenções como o telescópio, a máquina a vapor e a telegrafia, o editorialista anunciava sua contribuição ao soerguimento da montanha de onde a "humanidade iria contemplar os infinitos atributos de Deus". Ciência de observação, o espiritismo se inscreveria no quadro das ciências positivas, pois ele "explicava fatos às nações do mundo". Sem nada de um "folguedo curioso", a doutrina reunia homens sábios que procuravam entender o impacto que tais manifestações teriam nas relações humanas.

Assim como os avanços científicos encontravam resistência, também os inimigos do espiritismo tentavam desacreditá-lo. Em vão. Para os espíritas, a comunicação entre espíritos encarnados e desencarnados seria um elo na cadeia da Criação. Elo que poderia ser encoberto, mas nunca desapareceria. Tratava-se de um fenômeno sobrenatural, que existia desde a mais remota Antiguidade, quando a Terra recebeu espíritos decaídos.

Tal crença, aliás, existia em todos os pontos do globo, muitas vezes cercada de superstições entre os povos mais diversos. Misto de "ciência" e filosofia, a doutrina espírita tinha que ser estudada. Além disso, batia nas teclas de que era preciso romper com "velhos hábitos" adquiridos numa sociedade viciosa, banir ódios, desprender-se "de laços fluídicos que atam aos maus companheiros invisíveis" e, finalmente, se desviar dos "maus encarnados". Enfim, mirar a boa vontade e a caridade e falar aos corações.

Os seis números publicados da revista traziam informações importantes para os que aderiam à doutrina. Perguntas ganhavam respostas. Artigos estrangeiros eram traduzidos. As questões que mais dúvidas suscitavam recebiam esclarecimentos, como a descrição minuciosa das "diferentes naturezas de manifestações". Elas podiam ser ocultas, patentes, físicas e materiais, visões ou aparições, inteligentes, frívolas, grosseiras, sérias ou instrutivas.

Outros artigos continham as respostas dos espíritos às questões mais frequentes e um glossário das palavras mais usadas. Outros tantos conteúdos percorridos pelo leitor eram: os diferentes modos de comunicação e identificação de espíritos; advertências contra o embuste, o materialismo, a mentira e os exageros; discussões sobre as dificuldades em interpretar os fenômenos espíritas como causas naturais; prescrições sobre a importância da oração.

Quanto às manifestações de espíritos, se era absurdo repeli-las cegamente, também não se devia aceitá-las cegamente. Era preciso um exame minucioso e severo de suas mensagens. Espíritos superiores não iam a reuniões fúteis nem respondiam às perguntas de ociosos. Portanto, um médium tinha que estar à altura de sê-lo. Para isso, era preciso ensaiar constantemente. Tomar do lápis, concentrar-se e esperar que um espírito estabelecesse "relações fluídicas". Aconselhava-se evitar "espíritos levianos e obsessores" e ter o máximo de decoro com seres que não existem sobre a Terra. Sessões sem bons médiuns eram como um laboratório de física sem aparelhos.

O segundo número da *Revista Espírita* foi totalmente dedicado à loucura e suas manifestações: demência, idiotia, melancolia e mania. A relação entre a doutrina espírita e a perturbação mental era acusação frequente entre os detratores de Kardec. Por isso, as páginas estampavam estatísticas para provar que a loucura existia desde sempre e fora estudada desde Hipócrates. Não houve aumento de loucos em função do espiritismo.

A revista ainda analisava as causas físicas e morais dessas doenças e que nada tinham a ver com o espiritismo: orgulho, isolamento e solidão, passagem da vida ativa para a inativa, amor, excesso de trabalho intelectual, desgostos domésticos, acontecimentos políticos, remorsos, entre outros. Os artigos avaliavam as diferenças entre sexos e garantiam: existia cura para a loucura!

Outros textos explicavam que os espíritos eram classificados em ordens. Na terceira e última estavam os imperfeitos, com propensão para cometer o mal, e com prazer. E, com eles, os impuros, semeadores de discórdia e de mentiras, os frívolos, que se metiam em tudo e eram ignorantes, os falsos sábios e os batedores e perturbadores. Na segunda ordem, os bons, desejosos do bem: os benevolentes, prestadores de serviços, os doutos, preocupados com questões científicas, os sábios, cujas qualidades morais eram elevadíssimas, e os superiores, que uniam bondade e sabedoria. E, na primeira ordem, os puros, possuidores de felicidade inalterável colocada a serviço da manutenção da harmonia universal.

Quanto ao fluido cósmico universal, ele conhecia dois estados: o de eterização e o de materialização. As propriedades e a natureza dos invólucros fluídicos relacionados com o desenvolvimento dos espíritos, o papel dos periespíritos, a encarnação, o que pensam os espíritos, tudo era tratado em detalhes nos artigos da publicação. Ela continha ainda textos extraídos de dois grandes jornais espíritas americanos, *Spiritual Scientist*, da Nova Inglaterra, e *Banner of Light*, de Boston.

"Obsedado" foi palavra que surgiu então para designar a ação de um mau espírito sobre uma pessoa. Vários artigos traduzidos mostravam fenômenos ocorridos na França e na Itália, sobretudo visões e aparições. Foi transcrita também uma preleção feita pelo espírito de São Luís. Explicações sobre o sonambulismo e a visão em sonhos encadeavam-se em um longo capítulo sobre os diferentes médiuns: sensitivos e impressionáveis, falantes, auditivos, videntes, sonâmbulos e curadores, pneumatógrafos, escreventes e psicógrafos. Havia ainda os involuntários e os facultativos, entre outros. Também intuitivos e inspirados, mecânicos e os "sem o saber". E também sobre a qualidade das comunicações, que podiam ser grosseiras, sérias, sério-falsas, sério-verdadeiras e instrutivas.

Os temas eram variados e miravam a compreensão do leitor sobre: os poderes da presciência, os irmãos Davenport e os irmãos Eddy. Ou sobre os médiuns Fay e Keller, que se apresentaram na corte. Inelutáveis perguntas do tipo "por que os espíritas não temem a morte?" ou "como tratar a perda de pessoas amadas?" eram pacientemente respondidas.

A importância da "pluralidade dos mundos" na doutrina; a transcrição de uma conversa com um espírito que descreveu Júpiter – o planeta teria água e mares e seria iluminado por um sol espiritual e povoado por corpos diáfanos e translúcidos além de ter flores belíssimas – e respostas fundamentadas aos bispos que atacavam a doutrina foram temas que mereceram grande atenção. Enfim, a revista era uma grande enciclopédia que reunia pesquisas, ensaios, práticas e conclusões sobre o kardecismo.

Notícias de outros países onde o espiritismo ganhava força não faltavam. E não eram somente os franceses que teriam influenciado os espíritas brasileiros. No mundo anglo-saxão, muita coisa acontecia com reflexos ao sul do continente. Tal como no Brasil, onde a doutrina floresceu entre católicos, lá ela crescia entre protestantes. A Guerra Civil americana funcionou como um rastilho de pólvora: famílias que viam seus filhos partir e que, através de fotos da imprensa, constatavam que eles haviam morrido de forma atroz, queriam se comunicar com seus entes queridos.

Na própria Casa Branca, a mulher do então presidente Abraham Lincoln, Mary Abbot, chorava o filho falecido no campo de batalha em sessões assistidas pelo marido. Juntou-se a isso a luta de socialistas e cooperativistas ingleses, como o líder Robert Owen, recentemente convertido. Nos primórdios do socialismo, confiava-se num novo princípio de organização social que incluía a regeneração de tipo religioso. Todos acreditavam na evolução dos seres humanos e dos sistemas econômicos e políticos rumo a um mundo mais justo e melhor. Foi essa a época das grandes rebeliões operárias sobre as quais o espiritismo tinha um efeito moralizante e era apresentado como um antídoto às paixões revolucionárias.

Kardec socialista? Não exatamente. A leitura de Fourier, o grande defensor do cooperativismo, não faria dele um homem de esquerda. Mas sim alguém profundamente interessado em reformas de educação ou que sugeria, em lugar de tribunais de justiça, instâncias que "encorajassem o bem". Em ambos os lados do Atlântico Norte, o espiritismo se associou à luta pelo divórcio, pelo fim da escravidão e da pena de morte e pelos direitos da mulher – "a inteligência não tem sexo", dizia Kardec.

Na Inglaterra, vários cientistas que investigaram o fenômeno aderiram a ele: o químico William Crookes, o biólogo evolucionista Alfred Russel Wallace, o prêmio Nobel Charles Richet, o pacifista William Stead, bem como Pierre Curie, que estudara o trabalho da médium Eusápia Palladino. O psicólogo William James, que andou pela Amazônia, e o físico e ficcionista Arthur Conan Doyle, que também perdera um filho na guerra, juntaram-se ao movimento. O último colocou em cena, em vários de seus romances, a telepatia, as comunicações mediúnicas ou os fenômenos de materialização.

Em 1862, foi fundado em Londres The Ghost Club, o Clube do Fantasma, com o objetivo de estudar fenômenos paranormais endossando-os ou recusando-os. Um dos seus mais destacados membros foi o escritor Charles Dickens. Vinte anos depois, foi constituída uma Sociedade para Pesquisas Psíquicas, e os estudos sobre casas mal-assombradas na mesma cidade ganharam força.

Arqui-inimiga desses fenômenos era a imprensa portuguesa, cujos articulistas tinham seus artigos igualmente transcritos nos jornais brasileiros. O correspondente Pinheiro Chagas, por exemplo, não poupava os espíritas. A doutrina de Kardec não passava de "misticismo artificial, produção enfezada e insalubre da época em que vivemos. Sente-se em tudo o pastiche! Era feitiçaria de papelão" e daí por diante.

O impacto das críticas era menor do que o das adesões. Nessas décadas, publicações que tinham inspirado a *Revista Espírita* eram distribuídas da Austrália à Itália, da Espanha à Bélgica, além de nas principais cidades da França, dos Estados Unidos e da Inglaterra. Graças à imprensa, as informações circulavam. O que se noticiava é que grandes pesquisadores validavam cientificamente a doutrina. A adesão das classes médias em toda a parte demonstrava que havia uma necessidade espiritual não completada pelas grandes igrejas ou uma curiosidade que a ciência não preenchia.

Os espíritas brasileiros, portanto, não estavam sós. Mas estavam desunidos. As múltiplas influências e leituras e as divergências entre a interpretação da doutrina e a prática social acabaram por gerar cisão entre grupos. Inicialmente havia três: o chamado "científico", que privilegiava a parte experimental da doutrina; o segundo, de "espiritismo puro", composto daqueles que apenas aceitavam a parte filosófica da doutrina; e o terceiro, o "místico", interessado no aspecto religioso. Em 1876, os místicos se retiraram do Grupo Confúcio e fundaram a Sociedade de Estudos Espíritas Deus, Cristo e Caridade. Em 1877, nascia a Congregação Espírita Anjo Ismael. E, em 1878, o Grupo Espírita Caridade.

Na década de 1880, os desafetos do espiritismo não se satisfaziam com denúncias na imprensa. Passaram ao ato: foi o que houve numa sessão realizada à noite e que foi invadida por um grupo armado de cacetes. Das pancadas, não escaparam nem mulheres nem crianças. *O Corsário*, pasquim abolicionista e pró-republicano, reagiu com tolerância: "Deixe-se cada um com sua fé ou com seu modo de exercer a religião que quiser. Condenamos o fato!".

O envolvimento dos diferentes grupos espíritas com a homeopatia, a maçonaria, o ideal republicano e abolicionista e as Forças Armadas provocavam tensões que chacoalharam o nascente movimento espírita. Anticlerical de início e associado ao pensamento progressista, aos maçons, livre-pensadores e liberais com passagens pelo movimento operário anarquista, o espiritismo surgiu nas cidades brasileiras em pequenos grupos. Uma tentativa de centralizar e conciliar diferenças veio com a fundação da Federação Espírita Brasileira, a FEB, em 2 de janeiro de 1884. Porém, demasiadamente humanos, os espíritas não conseguiram conter as variadas interpretações da doutrina, prosseguindo com lutas internas.

ESPÍRITO, SORRIA! VOCÊ ESTÁ SENDO FOTOGRAFADO

O grande escritor José de Alencar foi um dos intelectuais que se interessaram pelo fenômeno do espiritismo. Longe de considerá-lo apenas um fato curioso, ele acompanhou atentamente as experiências dos círculos iniciados, inclusive as de seu amigo barão de Porto-Alegre. E agregou a um de seus romances um dos aspectos da prática em voga. Em *Guerra dos Mascates*, publicado em 1873, alude à sua época como "século dos espiritistas em que se tiram fotografias às almas do outro mundo".

Sim, o século que descobriu os espíritos descobriu também a fotografia. Em grandes centros como Londres, Boston e Paris,

"Entre gatunos" – A caricatura exibe dois gatunos conversando enquanto um policial prende uma cartomante. [*O Malho*, 11-04-1903.]

"Cartomantes, feiticeiros e charlatães" – A imagem mostra um famoso delegado, Hugo Braga, inimigo declarado do sobrenatural, e vários tipos como feiticeiros, curandeiros, adivinhos, os quais o dito delegado procura combater. [*O Malho*, 08-04-1911, ano X.]

"Occultismo em acção: mão à palmatória..." – Capa da revista *O Malho*. Mostra a política como uma cigana, lendo a mão de Leopoldo de Bulhões, conhecido político. [*O Malho*, 1910, ano IX, nº 421.]

Propagandas de vários "livros de sortes" para as noites de São João e São Pedro – Entre eles se encontram: *Livro do destino, A pythonissa de Paris, Cartas da célebre cartomante Mlle. Lenormand, Revelações do cigano* e *A mesa que dança e a mesa que responde*. [*Correio Mercantil*, 23-06-1860, ano XVII, nº 173, p. 3.]

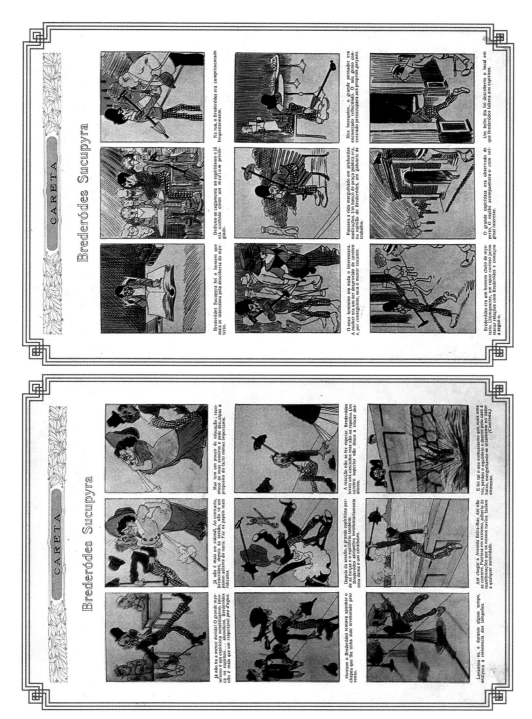

"Brederódes Sucupyra" – Primeira parte de uma história em quadrinhos cujo herói é mostrado como um "espiritista", sendo por isso motivo de chacota ao longo da história. [*O Careta*, 18-12-1909, ano II, nº 81.]

MEIO INFALIVEL DE TER PODERES ADIVINHADORES

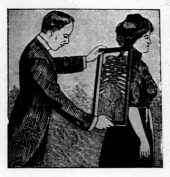

Methodo facil para qualquer pessoa crear em si mesma, ficando com saude mais forte e duradoura, effluvios subtis imperceptiveis que permitem ver atravez dos corpos opacos, mesmo nas entranhas da terra, tudo quanto se queira, ou o ouro, a prata, os diamantes e outras pedras preciozas, assim como fazer diagnostico perfeito das molestias, curar dores ou doenças com o simples olhar ou o contacto da mão, pela qual se trasmitem os fluidos vitaes regeneradores da saude. A aura dos fluidos assim gerados atrahirá, por uma gymnastica do pensamento ensinada em nosso methodo, a consideração, a estima, e os favores das pessoas poderozas com as quaes se entre em relações.

Por este meio infalivel pode-se, portanto, obter emprego ou negocio rendozo, fazer reinar harmonia ou felicidade nas casas de negocio ou familia, e mesmo ter sorte na loteria, porque, não existindo acazos na mathematica da Natureza, a aura do pensamento bem adestrado pelo nosso methodo influencia sobre o ambiente psychico dominante na occazião do sorteio.

Só os ignorantes ou pessoas de má fé é que duvidam da infalibilidade d'esta sciencia, aliás já provada por sabios como o Sr. Coronel de Rochas, quando Director da Escola Polytechnica de Paris. Na Inglaterra, na Alemanha e nos Estados Unidos este methodo está em uzo corrente, porque faz a felicidade da Humanidade, contribue para a boa ordem e o progresso social, evita numerozas molestias.

Os *espertos*, que julgam ser este livro uma especulação, são como os animaes que cahem no atoleiro de rotina, e que por isso mesmo terão sempre de ser jugulados pelos inteligentes de boa fé.

PARECERES IMPORTANTES:

"É uma expozição clara e eloquente das forças invizíveis que governam nossas vidas; e, por praticarem seus ensinos, muitas pessoas têm sido beneficiadas mental, phyzica e financeiramente". *The Nation's Weekly,* jornal de Boston.

"É uma das melhores expozições das descobertas a respeito do magnetismo". *Jornal do Commercio.*

"É uma iniciação prática nos mysterios do magnetismo, hypnotismo e suggestão, revelados com muita clareza e simplicidade". *A Tribuna.*

"Vem preencher uma lacuna no estudo da sciencia oculta". *O Paiz.*

"Expõe com verdadeira proficiencia as questões mais importantes que se relacionam com o magnetismo". *Correio da Manhã.*

Ha tambem centenas de cartas de pessoas notaveis que, em signal de agradecimento, fizeram enthusiasticas referencias, testemunhos estes num folheto que daremos gratis a quem o pedir. Este livro nada tem de semelhante com os de magnetismo, hypnotismo e ocultismo já conhecidos no Brazil.

Chama-se **Tratado dos Poderes Irrezistiveis** do Dr. J. LAWRENCE, e vende-se apenas a DEZ MIL RÉIS, mesmo com a remessa por nossa conta. As pessoas que enviarem VINTE MIL REIS receberão, além do livro, quatro caixas de *RADIOGENOL NERVIGOR,* que fazem gerar no corpo maior quantidade de fluidos magneticos que pelos alimentos comuns. Enviar o dinheiro em vale postal ou carta registrada de valor declarado no certificado do correio a

LOURENÇO DE SOUZA, Director do Instituto Electrico e Magnetico Federal

45, Rua da Assembléa, 45 - Rio de Janeiro

A quem não se demorar em fazer o pedido, envia-se gratis a *ARMA PROTECTORA.* As pessoas da Capital encontrarão aberto o Instituto: das 8 horas da manhan ás 5 horas da tarde.

Propaganda do livro *Tratado dos poderes irrezistiveis,* do dr. J. Lawrence. Trata do magnetismo e ainda oferece brindes aos compradores. É vendido por Lourenço de Souza, diretor do Instituto Electrico e Magnético Federal. [*Fon-Fon,* 14-01-1911, ano V, nº 22.]

CARNE secca boa a 340 rs. o kilo, lombo e toucinho de porco 700 rs. o kilo; na rua do General Camara n. 101.

CARTOMANTE e somnambula, discipula do celebre Edmond, de Pariz, á rua da Assembléa n. 67.

PEDI sempre a magnesia fluida de Veiga se queres ter confiança no medicamento que necessitaes: em 5 vidros de Murray que comprardes 4 são falsificados.

CARTOMANTE. — Mme. Mercedes, medium vidente e de transporte para qualquer descoberta; na rua do Regente n. 17, sobrado.

A 1$500 enfeitam-se chapéus, concertam-se e renlamça-se ... ; na rua de ros á traversa do Ouvidor n. 1.

JORGE LEITE, cirurgião dentista, obtura, extrahe e colloca dentes sem operações dolorosas; na rua dos Ourives n. 163.

DESEJA-SE saber noticias de Arsenio Vieira França, natural da Parahyba do Norte, para negocios de familia; se alguma pessoa puder dar noticias se agradece na rua dos Ourives n. 20.

MME. Josephina, cartomante, a mais clara vidente, avisa á sua respeitavel clientela que mudou-se do becco do Carvalho para a rua do Nuncio n. 35, sobrado.

CARTOMANTE, systema Lenormand, Mme. Armand dá consultas todos os dias, das 10 horas da manhã ás 8 da noite; na rua da Assembléa n. 113, 2º andar.

CARTOMANTE. — Maria Antonietta, praça da Acclamação n. 44, proximo á intendencia municipal.

TRASPASSA-SE um café restaurant muito bem collocado, e com todos as pertenças necessarias. A casa está pintada e forrada de novo, e tem contracto por 7 annos. O motivo forte que obriga o traspasse, será dado pelos Srs. Ribeiro & C.: rua Luiz de Camões n. 32, e Bernardo Cunha, rua de S. Pedro n. 162.

Cinco anúncios de cartomantes atuantes no Rio de Janeiro.
[*Gazeta de Notícias*, 29-05-1890, ano XVI, nº 149.]

ATTENÇÃO
Mme. Potier, primeira cartomante do Rio de Janeiro; rua da Assembléa n. 111.
(1

Anúncio de Mme. Potier, "primeira cartomante do Rio de Janeiro". [*Correio Mercantil*, 07-08-1868, ano XXV, nº 217.]

Mme, Zizina

Fotografia de Madame Zizina, autora de *Almanaque para 1915 de Mme. Zizina*, prefaciado por João do Rio. [*A Época*, 07-12-1912, ano I, nº 130.]

Embora não se tenha chegado ainda a uma theoria incontraversa desse psychismo, é elle geralmente attribuido a forças naturaes dirigidas, senão dominadas, pelo operador. Certos phenomenos de alto hypnotismo, até hoje irreductiveis á explicação scientifica, são acceitos, mesmo por theologos catholicos, como passiveis de interpretação natural. O sabio Jesuita allemão Pesch, o P.e Castelein, belga, Monsenhor Meric e outros escriptores orthodoxos não refusam admittir a telepathia, a clarividencia e clariaudiencia, os desdobramentos da personalidade, como alheios á intervenção sobrenatural. Essa hypothese é repellida pelo Dr. Felicio dos Santos, o medico que talvez aprofundou mais no Brazil os segredos do hypnotismo.

Para esse sabio investigador algumas, pelo menos, das manifestações hypnoticas mais impressionantes, escapam ás leis naturaes. E' com effeito difficil, em certos casos, traçar a linha divisoria entre o hypnotismo e o espiritismo. O somnambulismo, a clarividencia, as exteriorisações e outros phenomenos formam, entre o natural e o extra-natural, uma zona contestada, de fronteiras indecisas e oscillantes.

O pensamento moderno, jungido a um materialismo intolerante e estreito, regeita, a

ora, o espiritismo inculca a existencia de intelligencias immateriaes, logo o espiritismo é uma burla. Essa logica manca cessa perante a evidencia, embora o materialismo, de cada

PHOTOGRAPHIAS SPIRITAS QUE INSTRUIRAM O PROCESSO POR FRAUDE CONTRA MUMLER

nova descoberta scientifica faça um escudo de defesa. As ondas hertzianas explicariam desde a telepathia até ao autoscripto. O *medium* analphabeto que escreve trechos latinos da Eneida será um apparelho receptor, em communicação com um latinista ausente, por meio de antenas invisiveis. A radiação luminosa, *od* dos hebreus, corpo astral dos martinistas, será um effeito particular dos raios N. Se parecer fragil a explicação para esse fluido transcendente, póde-se attribuil-o á radiação phosphorica, substancia de que o organismo humano, especialmente o cerebro, faz sensivel consumo. A clarividencia será uma especie de visão cathodica, effeito dos raios X fóra do laboratorio. As photographias spiritas, essas são puramente fraude. Mas os novos phenomenos se verificaram, que derrocam essas theorias; surge então a escola do automatismo psychologico de Pierre Janet, a complicada hypothese polygonal de Grasset e outras doutrinas que se revolvem em logomachias.

As explicações se multiplicam; as que não são confusas, porem, são inverosimeis.

Não cabe aqui retraçar a historia do movimento spirita moderno, desde as mesas gi-

PHOTOGRAPHIAS SPIRITAS DE ROCKWOOD E MUMLER

priori, a possibilidade da maior parte dos factos spiritas. A praxe é negal-os com este syllogismo irretorquivel: Só a materia existe;

Reproduções de "fotografias espíritas", publicadas na revista *Kosmos*, ilustrando um artigo de Mario Brant sobre o espiritismo. [*Kosmos*, jan. 1909, ano VI, n.º 1.]

O ÉCHO D'ALÊM-TUMULO

MONITOR

D'O SPIRITISMO 'N-O BRAZIL.

| ANNO I | N.º 1 | JULHO, 1869 |

INTRODUCÇÃO.

———

I. Maravilhôso é o phenomeno d'a manifestação d'os Spiritos: e por toda a parte eil-o que surge e vulgarisa-se!

Conhecido dèsde a mais remota antiguidade, se-o-vê hoje, em pleno seculo XIX, renovado, e, pel-a primeira vez, observado 'n-a America Septentrional, 'n-os Estados-Unidos, onde produziu-se por movimentos insolitos de objectos diversos, por barulhos, por pancadas e por embates sobremodo extraordinarios!

D'a America, porêm, passa, rapidamente, á Europa, e ahi, principalmente 'n-a França, após um curto periodo de annos, sahe elle d'o dominio d'a curiosidade, e entra 'n-o vasto campo d'a sciencia.

Nóvas idéas, emanadas então de milhares de communicações, obtidas d'as revelações d'os spiritos, que se-manifestam, quer espontaneamente, quer por evocação, dão logar á confecção de uma doutrina, eminentemente philosophica, a qual 'n-o volver de poucos annos tem circulado por toda a terra, e penetrado todas as nações, formando em todas ellas proselytos em numero tão consideravel, que, hoje, contam-se por milhões.

Nenhum homem concebeu a idéa d'o Spiritismo: nenhum homem, portanto, é seo author.

Si os Spiritos se não tivessem manifestado, espontaneamente, certo que não haveria Spiritismo: logo é elle uma questão de facto, e não de opinião; e contra o qual não pódem, por certo, prevalecer as denegações d'a incredulidade.

A rapidez de sua propagação próva, exhuberantemente, que se-tracta de uma grande verdade, que, necessariamente, ha de triumphar de todas as opposições, e de todos os sarcasmos hu-

1

Primeira página de *O Écho D'Além-Tumulo*, primeiro jornal dedicado ao espiritismo no Brasil.

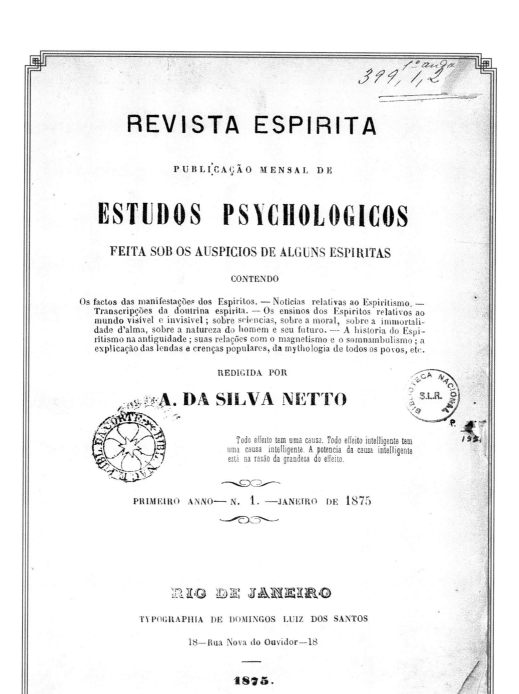

REVISTA ESPIRITA

PUBLICAÇÃO MENSAL DE

ESTUDOS PSYCHOLOGICOS

FEITA SOB OS AUSPICIOS DE ALGUNS ESPIRITAS

CONTENDO

Os factos das manifestações dos Espiritos. — Noticias relativas ao Espiritismo. — Transcripções da doutrina espirita. — Os ensinos dos Espiritos relativos ao mundo visivel e invisivel ; sobre sciencias, sobre a moral, sobre a immortalidade d'alma, sobre a natureza do homem e seu futuro. — A historia do Espiritismo na antiguidade ; suas relações com o magnetismo e o somnambulismo ; a explicação das lendas e crenças populares, da mythologia de todos os povos, etc.

REDIGIDA POR

A. DA SILVA NETTO

Todo effeito tem uma causa. Todo effeito intelligente tem uma causa intelligente. A potencia da causa intelligente está na razão da grandeza do effeito.

PRIMEIRO ANNO — N. 1. — JANEIRO DE 1875

RIO DE JANEIRO

TYPOGRAPHIA DE DOMINGOS LUIZ DOS SANTOS

18 — Rua Nova do Ouvidor — 18

1875.

Primeira página da *Revista Espírita*, segundo periódico espírita no país e o primeiro na então capital.

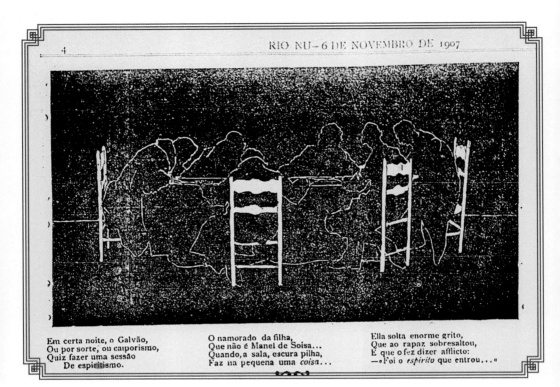

Em certa noite, o Galvão,
Ou por sorte, ou caiporismo,
Quiz fazer uma sessão
   De espiritismo.

O namorado da filha,
Que não é Manel de Soisa...
Quando, a sala, escura pilha,
Faz na pequena uma *coisa*...

Ella solta enorme grito,
Que ao rapaz sobresaltou,
E que o fez dizer afflicto:
—«Foi o *espirito* que entrou...»

Charge mostrando uma sessão espírita. Tem como legenda uma piada maliciosa, bem ao estilo do jornal. [*O Rio-Nu*, 06-11-1907, ano X, nº 974.]

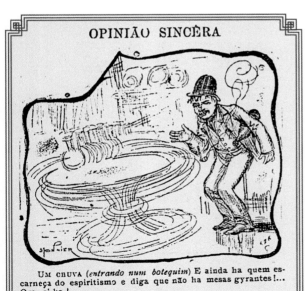

OPINIÃO SINCÊRA

Um chuva (*entrando num botequim*) E ainda ha quem escarneça do espiritismo e diga que não ha mesas gyrantes!... Ora, si ha !...

Filho de peixe.

Um usurario, querendo annunciar ao filho o nascimento de um irmão, disse-lhe:

—Tenho uma boa noticia a dar te: tua mãi comprou hontem mais um filho.

—Porque não me encarregou disso? Eu poderia obtel-o com os dez por cento de abatimento...

Outra charge, dessa vez fazendo piada com as mesas volantes. [*O Rio-Nu*, 21-06-1905, ano VIII, nº 726.]

Primeira página do jornal *O Rio-Nu*, em 1914, com uma imagem mostrando uma cartomante em ação. [*O Rio-Nu*, 22-08-1914, ano XVII, nº 1.609.]

Fotografia de José Sebastião Rosa (vulgo Juca Rosa). [Galeria dos condenados: José Sebastião Rosa (Manuscrito): Livro de registros contendo histórico de condenados e suas penas, vol. 1. Biblioteca Nacional – Seção de manuscritos. Disponível em: <http://objdigital. bn.br/objdigital2/acervo_digital/ div_manuscritos/mss877930/ mss877930.jpg>.]

Retrato feito por Debret [Debret, Jean Baptiste. *Negro feiticeiro*. (S.l.: s.n.). 1 des. Aquarelado. Disponível em: <http://objdigital.bn.br/acervo_ digital/div_iconografia/icon325969/ icon325969.jpg>.]

Retrato de Allan Kardec (busto).
Imagem clássica do Kardec. [Biblioteca
Nacional – Seção de Iconografia,
localização: Kardec. Allan, Ret. 1 (1).]

Mesas volantes: a melhor
introdução ao espiritismo
entre a burguesia da Europa
ilustrada. [Lange, Daniel. "Tables
tournantes". *L'Illustration*, 1853.]

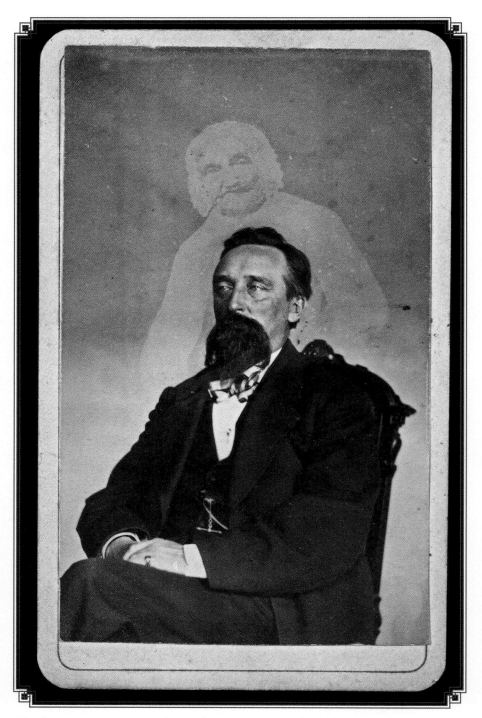

Na foto, os entes queridos voltavam, tranquilizando os que aqui ficavam. [Mumler, William H. *John J. Glover*. The J. Paul Getty Museum, 1862-1875.]

multiplicavam-se fotógrafos e espíritos fotografados. A fotografia incitava a questionar o invisível. E isso numa época em que os indivíduos se afastavam de explicações metafísicas ou religiosas e queriam provas concretas. A imagem em preto e branco era uma! E sua explicação tinha que ser buscada no mundo físico. Nada de esoterismos, mas um realismo total. O invisível tomava forma e podia ser apalpado e mesmo fotografado. Tal realidade confirmava que o diálogo entre vivos e mortos era possível. O espaço formigava de espíritos que circulavam e buscavam contato.

Só fotografia? Não. O espiritismo acompanhava a revolução técnica dos meios de comunicação – telegrafia, descobertas da ótica e da acústica –, pois era preciso utilizar tais meios para alimentar a conversa entre vivos e mortos. A física fizera progressos consideráveis no domínio da termodinâmica e dos fenômenos vibratórios. Ela descobrira os raios catódicos. Fotografavam-se raios infravermelhos e ultravioletas. Em 1864, foi formulada a teoria eletromagnética da luz. Em 1876, Graham Bell inventou o telefone. Em 1877, Edison criou o fonógrafo e a lâmpada incandescente. As grandes transformações da época se conectavam a um conjunto de técnicas que tinham por objetivo captar e transmitir o universo invisível de ondas e raios, capazes de atravessar paredes e distâncias cada vez maiores. E por que não transportar os espíritos?

Um dos pioneiros da fotografia no Brasil foi Antoine Hercule Florence, pintor e naturalista francês radicado no Brasil. Ele chegou aqui em 1824 e se estabeleceu em Campinas, onde realizou uma série de invenções e experimentos. Em 1833, usava uma câmara escura com uma chapa de vidro e papel sensibilizado para a impressão por contato. O imperador dom Pedro II foi outro fotógrafo apaixonado, tendo adquirido em 1840 um daguerreótipo em Paris. Em seguida, imigrantes vindos para cá trouxeram novas tecnologias, e retratistas se espalharam pelas principais capitais.

Desde 1838, as condições técnicas da aparição da imagem sobre daguerreótipo, sobre papel, foram espantosas. A novidade e a originalidade do fenômeno impressionavam a todos. Desaparecia a intervenção do gesto e da mão, que estavam na base da pintura. Graças à fotografia, o olhar era direcionado para coisas nunca antes vistas. E a câmara escura se tornava o espaço em que a imagem emergia – e, com ela, ectoplasmas e fantasmas...

A chamada "fotografia espectral" foi inventada nos anos 1860, nos Estados Unidos. Um certo William H. Mumler começou a comercializá-las, sendo rapidamente imitado na Europa. Primeiro, na Inglaterra e, em seguida, na França. Se os médiuns viam os espíritos, por que não o "olho" do aparelho fotográfico? Lógico que pipocaram imagens trucadas, mas as fotos *flous* ou em movimento, assim como as que tinham pouca ou muita exposição de luz, convidavam a fazer surgir estranhas realidades sobre o papel.

Quando, em 1873, depois da morte de Kardec, o diretor da *Revue Spirite*, Pierre Leymarie, perguntou ao fotógrafo Édouard Buguet se ele conseguia fotografar espíritos, ele respondeu que sim... E o fazia em seu ateliê no bairro de Montmartre. Os primeiros clientes se davam por satisfeitos quando reconheciam um defunto querido em segundo plano. As imagens foram reproduzidas durante um ano na *Revue Spirite*.

Mesmo madame Allan Kardec se deixou fotografar com o marido falecido havia cinco anos. Na primeira prova, seu espírito segurava uma coroa sobre a cabeça da esposa. Na segunda, um quadro negro exibia em letras diminutas a mensagem: "Obrigado, querida esposa; obrigado, Leymarie; coragem, Buguet". Madame Kardec queixou-se que nessa imagem a figura do marido não saíra tão clara quanto desejaria.

Depois, alguns clientes começaram a se queixar. As fotos custavam caro e, então... uma fraude foi descoberta. Um comerciante que solicitou a imagem do filho, morto aos dez anos, recebeu uma foto de um senhor com cinquenta! Preso em flagrante delito em 1875, o fotógrafo confessou: antes da sessão de fotos, ele preparava os clichês com a ajuda de cabeças cortadas de outras imagens e coladas sobre papelão. Colocadas sobre um manequim e cobertas de gazes diáfanas, eram destinadas a se posicionar ao lado da imagem do cliente. Buguet e Leymarie foram julgados e condenados a um ano de prisão. A imprensa batizou o caso como O *processo dos espíritas*.

Na mesma década da fotografia psíquica, outra prática surgiu entre espíritas: a do gabinete negro. Fechava-se uma grande caixa com cortinas pretas, criando um espaço isolado de olhares externos, onde se colocava o médium. Acreditava-se que, da mesma forma que a câmara escura e a luz vermelha eram necessárias para a revelação do negativo, esse lugar permitia a aparição de espíritos. Pela boca, o nariz, o umbigo e, no caso de mulheres, o sexo, médiuns produziam ectoplasmas ou pedaços de corpos que, fotografados, se tornavam a prova de sua existência. A *Revue Spirite* assim descreveu uma dessas imagens: "Sobre a cabeça do médium aparece uma mão, pequena como a de uma menina de quinze anos, palma virada para fora, dedos juntos e o polegar separado. A cor dessa mão é lívida; a forma não é rígida nem fluida. Dir-se-ia a mão de uma grande boneca".

Mão, diga-se, percebida como aquela de um espírito momentaneamente encarnado graças ao médium. Ectoplasmas eram fotografados às centenas: provas da existência de seres vivos no além.

Antes presentes só nos sonhos ou pesadelos, tais seres vindos de longe eram ainda capazes de deixar pegadas em argila fresca disposta para esse fim nas sessões espíritas. Ilusão? Um dos mais importantes químicos e físicos do século diria que não. O já citado Sir William Crookes, especialista em espectroscopia, estudioso de eletrodos e raios catódicos, descobridor do tálio e do hélio, se deixou fotografar com uma jovem fantasma conhecida como Katie King. Tudo em seu laboratório de química!

Isso em Londres, pois em Lisboa a polícia prendia fotógrafos que pretendessem "tirar retratos espiritistas de pessoas que haviam partido desta para melhor vida", dizia um jornal.

No início de 1890, Rochas d'Aiglun, um coronel francês saído da renomada Escola Politécnica, clicou emanações fluídicas, espécie de eflúvios energéticos produzidos pelo corpo humano, que poderiam, segundo ele, explicar os fenômenos de levitação ou ocultismo. Inúmeras experiências desse tipo foram realizadas por sábios convencidos de que a fotografia poderia revelar aquilo que o olho não enxergava. Em 1908, um prêmio foi ofertado pelo jornal *Lumière* "em favor do inventor de um aparelho fotográfico tão potente que permitisse às inteligências ou às coisas invisíveis do espaço se fixar sobre uma placa".

Nada disso barrou a perseguição fotográfica aos ectoplasmas. A invenção de câmaras menores justificou a multiplicação de fotos, reproduzidas inclusive em jornais brasileiros. Mais do que uma simples experiência ou espetáculo, o que se desejava era um encontro com o outro lado. Encontro que alimentava a convicção de que o contato com espíritos ou a conversa com mortos era possível.

3.
OUTRAS MANIFESTAÇÕES DO ALÉM: CURANDEIROS, CARTOMANTES, EXORCISTAS...

CURANDEIROS, ESPÍRITAS E MÉDICOS: FRONTEIRAS INVISÍVEIS

No final dos anos 1880, com os grupos kardecistas mais organizados, a preocupação era não confundir espíritas e curandeiros. Havia discriminação. Afinal, os espíritos de índios e negros eram considerados pelos kardecistas "involuídos" e "carentes". Kardec, na verdade, nada escreveu a esse respeito. Porém, ao se referir a "povos bárbaros e antropófagos", diferenciando-os dos civilizados, e ao considerar a escravidão um fator cármico, ele os convidava a evoluir espiritualmente.

A filosofia espírita via na escravidão um agente purificador: um carma. Mas, por acreditar na evolução das almas, quatro anos antes da abolição, a Federação Espírita Brasileira patrocinou uma subscrição popular para libertar cativos. Um grande especialista informa que, nessa fase de liberalismo e de congraçamento entre os diferentes grupos sociais, médiuns começaram a emprestar a voz de espíritos caboclos e pretos-velhos, símbolo do sofrimento escravo.

De fato, o espiritismo sofreu interferências do catolicismo popular e das religiões afro-brasileiras, resultando no que muitos especialistas chamam de "espiritismo à brasileira". Exemplos não faltam para corroborar essa tese.

Um caso acompanhado, dia a dia, pelos jornais foi o de um famoso "Curandeiro de Nictheroy". A multidão se reunia na porta da casa simples, na qual se misturavam gente do povo e "personagens que têm prestado bons serviços ao país": inteligentes, educados e preparados, descrevia o articulista do *Diário de Notícias*, em março de 1888. A razão era o "sistema de telefonia humana" capaz de transmitir "adivinhações milagrosas". Antes, a adivinhação era doméstica: cliente e curandeiro se isolavam atrás de um simples tabique. Mas, na casa de Marius, nome do célebre "médico", havia até recepcionista. Ele passara de operário relojoeiro a doutor, o que muito incomodava. Afinal, e os anos de estudos e imposições legais? Seriam eles simplesmente substituídos por "vontades sobrenaturais"?

"Ele nada sabe, nada estudou. Mas a força superior que o inspira, os espíritos que guiam as suas prescrições não deixam errar o instrumento que escolheram", segundo o *Diário*.

Mas Marius era espírita? Definitivamente não! Ele não usava os meios com que se ouviam as "manifestações dos finados". Em seu consultório, não ecoavam as tradicionais "pancadas secas", ele não "escrevia em língua latina" ao receitar, nem assinava em nome de médicos famosos. Os verdadeiros espíritas não podiam acolher em seu seio um homem considerado perigoso, pois usava artimanhas e ardis grosseiros para ficar conhecendo o motivo da visita de seus clientes. Contava-se a boca pequena que, apoiado no relato de vinte servidores, ou melhor, espiões que seguiam as pessoas nos bondes e observavam-nas nos restaurantes, era fácil "adivinhar" suas vidas. As informações eram levadas ao curandeiro por gente montada em "rápidos corcéis".

Contudo, na descrição de seus seguidores, Marius, ou Eduardo Davi Rey, era mesmo milagreiro: tinha habilidades extraordinárias. Fazia maravilhas, revelava o futuro, calculava datas de nascimento, desfazia feitiços, examinava as linhas da mão, fazia perguntas antecipando no rosto dos clientes a resposta. Atendia autoridades, políticos, ricos e pobres no bairro do Fonseca, em Niterói, onde tinha um sítio, no qual cultivava plantas medicinais e onde nascia, de fonte natural, a milagrosa "Água Azul".

Os serviços de barcas ligando a capital a Niterói tinham sido recentemente inaugurados, facilitando o ir e vir de clientes. Católico praticante, Marius era conhecido como um homem generoso, a quem muitos deviam favores. Mas, na opinião do articulista do jornal, as "peças da máquina de adivinhação" não estavam tão azeitadas quanto os antigos relógios que Marius consertava. Corriam boatos sobre fraudes. O conserto de relógios não era tão rentável, por isso o feiticeiro de Niterói insistia em sua atividade.

Por meio de cartas, os espíritas reagiram através de seus jornais. Atenção: não seria sob a capa da respeitável doutrina que Marius poderia pedir proteção para sua "vergonhosa profissão". Uma coisa era uma coisa. Outra coisa era outra coisa. E o papel da imprensa? Denunciar embustes. Por isso mesmo se multiplicava a publicação de "causos" que diferenciassem curandeiros e médiuns.

Ah! O *Diário do Rio de Janeiro* gostava de reproduzir esses "causos". Os vindos dos Estados Unidos eram inúmeros. Pois lá os "reclamos", ou propaganda, "como é sabido de grande potência", enchiam os jornais sobre eventos sobrenaturais. Por três ou cinco dólares, num ambiente de calma, semiescuridão e aparato severo, era possível "saber alguma coisa de verdade". Mas isso porque um "olho clínico" ou "um olhar penetrante esquadrinhava o cliente". O resultado? Um "artifício inventado pela má-fé" para esvaziar a bolsa do incauto. O tom do jornal era sempre de crítica contra possíveis fraudes.

Os curandeiros seguiram anunciando livremente nas páginas de jornal até a década de 1870, mas, nos fins de 1880, a guerra foi declarada. As autoridades passaram a persegui-los Por trás das trincheiras e com as armas mais afiadas se concentravam os médicos. Aumentava a pressão dos antes raros doutores contra benzedeiros concorrentes. Um membro da Academia Imperial de Medicina escreveu ao imperador denunciando: charlatães estavam em toda a parte, apesar de uma lei que os proibia. E tinham os gabinetes cheios! Recomendavam substâncias perigosas aos pacientes, agiam como médicos sem nenhuma competência e iludiam as pessoas com panaceias milagrosas para curar todos os problemas do mundo! Tais denúncias não escondiam uma preocupação: charlatães, fossem curandeiros ou médiuns, eram um obstáculo que se colocava entre a medicina oficial e a população.

O prestígio da Junta Central de Higiene Pública, órgão criado pelo governo para ser o consultor das questões de saúde pública, crescia ao mesmo tempo em que se intensificava a prisão dos que praticavam o "exercício ilegal da medicina". Multiplicavam-se as acusações de "embustes".

Foi o caso de certo Laurentino Inocêncio dos Santos, que tinha "casa de praticar fortuna" num lugar chamado "Pendura Saia", no Cosme Velho, e que curava males diversos. A imprensa denunciava pessoas como ele, "curandeiros espíritas e não espíritas, caboclos e não caboclos" que pululavam na capital vivendo à custa de milhares de tolos que os procuravam para extrair "os bichos do corpo", enxotar o demônio, endireitar a espinhela caída e "para que lhes curem moléstias muitas vezes de caráter grave".

Havia muita gente interessada em curar as mazelas de uma população destituída de cuidados médicos. Um certo J. B. Poli sanava enfermidades incuráveis e aliviava a humanidade de todos os sofrimentos – e de todo o dinheiro que tivesse. O famoso Caboclo da Praia Grande fazia curas miríficas. Mulheres sábias recuperavam espinhela caída graças a uma mistura de pó de café e clara de ovo. E havia quem, através de bruxarias, conseguisse matar moços bem-intencionados. Foi o caso de certa Olympia, moradora da rua de São Leopoldo, acusada de matar o amante com poções mágicas.

A verdade era que os médicos eram poucos, raros e caros. Gilberto Freyre bem diz que a monarquia nunca aceitou o desafio de cuidar da saúde da população nos trópicos. Enfrentando as inúmeras epidemias que varreram a corte, ou quando atacada de mazelas prosaicas, a população corria para homens como Marius ou Laurentino. Eles retiravam a moléstia do corpo por meio de sopro, sucção, orações e cantos. Davam continuidade à missão sagrada de combater, enfrentar e vencer a morte. Aqueles que exerciam o dom de curar seus seme-lhantes eram possuidores de convivência secreta com seres do outro mundo. A terapêutica se confundia com liturgia. Assistia-se ao doente com orações e remédios, sugerindo tréguas, envio de ofertas, compen-sações. O curandeiro ou o médium era o veículo e curador dos ritos de uma medicina imprecisa. Ele seria capaz de atenuar as manifestações divinas presentes na doença, considerada castigo, ou de anular forças adversas na enfermidade resultante de inveja.

Porém, na década de 1880, as autoridades tentavam associar a cidade a noções como "progresso" e "civilização". E a ciência, assim como a higiene, tinha que ser aliada nessa caminhada. Era preciso en-terrar o famoso clister com caldo de galinha, as sangrias, os purgantes contra vermes e lombrigas, o medo do "sereno da noite", a infusão de jaborandi, o xarope de flores de laranjeira, o cataplasma de alho e as defumações de alecrim.

Pouco a pouco, o farmacêutico que passou a preparar com mis-tério os remédios tomou o lugar de seus concorrentes curandeiros, afastando-os das pessoas comuns, tão dependentes de seus métodos. Era o início do fim de uma medicina atenta às correspondências entre o corpo e a natureza, de um saber milenar sobre o uso das plantas. E da relação baseada na palavra entre doente e médico-feiticeiro. Ouvir o paciente falar de seus males já era uma forma de cura: sua solidão e angústia diminuíam diante de homens e mulheres que conseguiam preservar a esperança de quem os consultava.

O FUTURO E O PASSADO NAS CARTAS

Em novembro de 1860, madame Potier, ou Magdalena Victória Puisseaux Potier, a "mais antiga cartomante do Rio de Janeiro", aca-bara de regressar de Paris, anunciava o *Diário do Rio de Janeiro*. Sim, pois sua instalação na corte se dera em 1859. E avisava: colocava cartas como "fazia antigamente". Desde então, sucessivamente, tivera salas na rua do Cotovelo, na rua da Misericórdia e na rua São José. E a clientela não parava de crescer. Até 1874, sua propaganda era publicada em meio a anúncios de remédios para "cura radical de calos", venda de ceroulas, pianos ou charutos. Para impressionar, por vezes se apresentava como "chiromante" ou vidente capaz de ler nas linhas da mão.

Outras cartomantes também colocavam avisos nas páginas dos jornais, ao lado de informações sobre as atividades da família imperial, concertos populares, reuniões de sociedades beneficentes e anúncios de crimes. "Madame Mery, perita nesta arte" oferecia serviços na rua Sete de Setembro, 45, primeiro andar. "Rosália" o fazia na rua do Hospício. Cartomantes estavam em toda a parte e eram abismos de silêncio e discrição.

Teriam as cartomantes sido introduzidas pelos ciganos cujos serviços eram oferecidos no Campo de Aclamação? Em grupos de três ou quatro, as ciganas coloridas percorriam as ruas lendo o passado e o futuro nas cartas ou nas linhas da mão: "Dá para mim um moeda de dois tostões. Põe sorte para você. Dinheiro bendito. Santo do céu. Diz sorte de vida. Diz presente, passado, diz futuro. Boa sorte para você. Sua família. Bota primeiro sua dinheiro na minha mão".

Dos sobrados, as meninas casadoiras desciam fazendo barulho com seus tamancos para ouvir que seus amados gostavam delas, que elas gostavam deles, mas que havia outros que gostavam delas... E outras que gostavam deles, e ainda que, para casar, "põe outros dois tostões na minha mão"! As clientes vinham por dor ou por amor.

Traços da cartomancia se encontram desde o século XV, na Espanha, e XVI, na Itália. Num famoso manual de confessores – livro que ensinava os padres a fazer perguntas aos pecadores –, de autoria de Martin de Azpicuelta Navarro, muito usado no Brasil desde 1540, há condenações à adivinhação com o jogo de cartas.

Ou a moda teria vindo da França? Ao final do século XVIII, cartomantes famosos publicavam seus livros na França. Magos misturavam a ciência das cartas com aquela dos números, da alta astrologia, dos gênios – espécie de demônios familiares protetores –, dos sonhos e dos talismãs.

Em 1790, enquanto a guilhotina da Revolução Francesa cortava cabeças e os filósofos do iluminismo anunciavam o tempo da razão, um célebre cartomante abria uma escola de magia em Paris. O educandário de adivinhações oferecia cursos gratuitos das 11h às 13h30 nos dias 1, 10 e 20 de cada mês. Nos muros de Paris, anúncios com o programa: "Aprofundar a arte, a ciência, a sabedoria para compreender os oráculos do livro de Thot". O sucesso do curso foi total, embora seu fundador se queixasse de alunos que, constrangidos de aparecer publicamente, preferissem aulas particulares. Essa atitude lhe parecia tanto mais intolerável quanto a cartomancia era o máximo da educação. Um instrumento a conduzir os indivíduos em busca de melhor vida. A mulher, mais vulnerável do que o homem às tribulações do destino, merecia ter melhor guia. Daí ele ter concebido o *Pequeno oráculo das damas*, capaz de responder "aos pequenos aborrecimentos e grandes esperanças"! Traduzido, seria vendido nas livrarias do Rio de Janeiro.

O livro de *Thot* fora elaborado por dezessete magos egípcios com caracteres, ou melhor, hieróglifos que encerravam religião, adivinhação e medicina. Tomou o nome de *Tharoth* ou jogo real da vida humana, abreviado para Tarô.

Na França, as futuras vítimas da Revolução foram as primeiras a procurar as artes divinatórias. Então, dava as cartas certa madame Lenormand: famosíssima e conhecida como "a sibila do *faubourg* Saint-Germain". Até Maria Antonieta recebeu sua visita na prisão. Hébert, chefe dos jacobinos, também a consultou até sua morte ser decretada, em 1794, por Robespierre. Viagens de balão, mudanças na política e o destino de Marat, Saint-Just e Robespierre também foram anunciados pela cartomante.

Ela noticiou a Josefina, então desconhecida madame Bonaparte, que esta se tornaria imperatriz e, após a Revolução, acompanhou a ascensão de Napoleão, predizendo suas vitórias e seu destino brilhante. O gabinete de madame Lenormand à rua de Tournon, nº 5, em Paris, recheado de estátuas antigas e candelabros, era frequentado por todos.

Em 1800, Napoleão quis conhecer o estado de "superstição" na França, e em cada localidade representantes foram encarregados de anotar comportamentos "irracionais". A enquete revelou que, em todas as classes sociais, nas cidades ou no campo, crendices estavam bem vivas: magia, feitiçaria, lobisomens, curandeiros, possessão, evocação de espíritos... A França parecia tomada pelo sobrenatural. A crença em presságios e na adivinhação parecia mais forte do que o sentimento religioso.

Nas cidades, porém, proliferavam as cartomantes. Entre elas, nada de parentesco com o Diabo ou a feitiçaria. Diziam-se apenas especialistas em adivinhação e capazes de ler o futuro num baralho ou na borra de café. Não adiantava a polícia persegui-las. Fechava-se um gabinete aqui, abria-se outro ali. Apesar das multas aplicadas, das acusações de "enganar o público" ou de "semear cizânia nas famílias", dos artigos em jornais associando-as a adeptos de Satã ou a embusteiros, as cartomantes estavam em toda a parte. Mas discrição e segredo envolviam os negócios de adivinhação. Divertimento ou verdadeira preocupação em conhecer o futuro, operada por amadores ou "profissionais", a adivinhação não deixou de exercer enorme fascínio, e a sociedade participou desse entusiasmo.

Tudo indica que a cartomancia tenha chegado com os franceses à corte brasileira, ao mesmo tempo que as livrarias e editores franceses, restaurantes e *cocottes*. Em junho de 1874, entre várias informações, como o concerto da artista lírica Adelaide Ristori ou o recolhimento de frangos e galinhas por infração de posturas municipais – era proibido deixar animais domésticos pela rua –, um anúncio discreto de uma já conhecida "madame Potier, cartomante que tratava de espiritismo", à rua São José.

Na rua do Carmo, era a vez de uma concorrente que atendia das 9h às 18h. O importante era possuir os poderes de visão, premonição e projeção. A insistência em associar cartomancia e espiritismo indicava a origem francesa da prática e a capacidade de desvendar o futuro. As cartas seriam o meio e o elemento de ligação com o além. "Correr cartomantes", ou seja, frequentá-las, saía barato (em torno de dois contos de réis) e servia de distração a mulheres como Rita, esposa adúltera do conto "A cartomante", de Machado de Assis:

> Os homens são assim; não acreditam em nada. Pois saiba que fui, e que ela adivinhou o motivo da consulta, antes mesmo que eu lhe dissesse o que era. Apenas começou a botar as cartas, disse-me: "A senhora gosta de uma pessoa...". Confessei que sim, e então ela continuou a botar as cartas, combinou-as, e no fim declarou-me que eu tinha medo de que você me esquecesse, mas que não era verdade...

Como concluiu o autor, havia mais coisas entre o céu e a terra do que podia sonhar nossa vã filosofia. E as cartomantes saltavam das ruas para as páginas dos livros. Desde 1845, as livrarias vendiam livros e brochuras que ensinavam a "pôr cartas". Era o caso de certo *O fado: novíssimo livro ou jogo de sortes engraçadas*, em nova edição aumentada, por apenas 1 conto e 280 réis. A partir de 1860, a Livraria Laemmert oferecia *A pitonisa de Paris ou Cartas da célebre cartomante Madame Lenormand*. Vinha com 36 cartas coloridas e era excelente presente para senhoras. No *Diário de Notícias*, anunciavam-se *Revelações do cigano*, com "vinhetas burlescas e recomendado para curiosos ao preço de 1 conto de réis". O *Programa-Avisador*, folheto com toda a sorte de informações, distribuído gratuitamente nos teatros e salas de espetáculo, também anunciava quem "jogasse cartas" – inclusive "Madame Anna, discípula da célebre Madame Lenormand". A cartomancia cruzava os mares!

Em 1888, dois meses antes da assinatura da Abolição, o *Diário de Notícias* denunciava: diariamente se viam jornais da corte com pomposos anúncios de "peritas cartomantes". Elas tudo adivinhavam:

passado, presente e futuro. Respondiam pelos nomes de a Corcundinha da rua Marechal Câmara, a Ceguinha da rua da Misericórdia ou a Rosa. A crítica maior, porém, ia aos frequentadores: "gente de espírito fraco", "cérebros mórbidos" que acreditavam em qualquer tolice. Profecias e adivinhações sempre "malignas e mentirosas" geravam problemas dentro das famílias. E o editorialista cravava: "As cartomantes são mais perigosas do que os curandeiros". Os primeiros estragavam a saúde, e elas corrompiam o espírito, deixando seus clientes medrosos e inseguros. O antídoto era o "aperfeiçoamento intelectual" da população. Só ignorantes – e no Brasil havia muitos, segundo o editorial – caíam em tais crendices.

Os jornais O *Apóstolo* e *Carbonário* também empreenderam verdadeira campanha contra a cartomancia na década de 1880. O segundo pedia aos leitores que evitassem "tais consultas", "pois, além de exploradoras", as profissionais eram "perigosas"! E o primeiro criticava a polícia, mais indulgente com cartomantes do que com os cultos africanos. "Será porque eram bonitas?", perguntava-se o articulista. A comparação com o espiritismo também chegou. Nas páginas do jornal *A Estrella*, estranhava-se que a polícia perseguisse mais as cartomantes do que o espiritismo. Ora, as primeiras provocavam muito menos males que o último. Este, sim, multiplicava o número de loucos.

Apesar da perseguição, no centro, nos arrabaldes ou nos subúrbios, as sacerdotisas do futuro transbordavam, capazes, dizia-se, de modificar as fatalidades do destino. Contrariavam a morte, as desgraças e os males. No largo da Batalha, a mulata Estefânia, com seu rosto largo e cabeleira farta, lia o futuro de todas as formas. Quando passava um cupê apressado ou um landau de cortinas arriadas, já se sabia o destino: "Casa da feiticeira"!

Na rua Santo Amaro, era a "princesa Matilde" que recebia. Usando perfumes exóticos, um anel onde se desenhavam as fases da lua e os signos do Zodíaco, dizendo-se amiga e correspondente da famosa francesa madame Thebes, sua agenda fervilhava às sextas-feiras. O ambiente era sofisticado. Suas cartas eram cuidadosamente guardadas num sarcófago de prata de onde extraía, com mãos delicadas de feiticeira, a miragem do futuro. Lá se reuniam os adeptos do ocultismo indiano, do cabalismo hebraico, do esoterismo egípcio, de Swedenborg, de Kardec, de Comte.

Uma espécie de homenagem irônica foi feita pela revista *Fon-Fon* a uma famosa cartomante, madame Zizina, quando morreu. Corcunda, ela não atraía pelo físico nem pelo brilho intelectual e mundano da princesa Matilde, mas era sacerdotisa de sólida reputação e popularidade. Dizia o articulista:

Eu fui dos que se entristeceram com a morte de Mme. Zizina. Sempre acreditei em tudo o que ela predizia, principalmente porque nada se realizava. Acreditar com certeza é a mais dolorosa das manias. Mme. Zizina foi uma vendedora de ilusões. Homens e mulheres que iam ao consultório dela saíam de lá trazendo a verdade:

– Seja encantadora e cala-te...

Mas Mme. Zizina não pôde seguir esse aviso de prudência. Ainda pequena caiu da escada e ficou na impossibilidade de ser encantadora. Cresceu com a espinha deformada e o rosto sulcado de lágrimas – feia!

[...] Mme. Zizina levou para o silêncio a voz do engano. E levou a esperança... Que há de ser de nós, agora?

As cartomantes cujos anúncios enchem os jornais não inspiram confiança; além de estrangeiras, são bonitas.

Pano rápido!

Para se consultar com madame Zizina ou outras, as damas elegantes vinham de Botafogo e Águas-Férreas, às escondidas. Rosto coberto por véus ou à sombra de leques emplumados. Eram esposas enganadas, mulheres que sofriam com o desprezo ou a indiferença dos maridos. Certa Estefânia conhecia mandingas para desfazer paixões ilícitas e reacender fogueiras nos corpos frios. As mocinhas queriam saber se iriam "mesmo" se casar. As idosas buscavam remédios que a medicina não oferecia para males do fígado ou asma. Os homens, banqueiros, políticos, administradores e até membros do Círculo Católico, também se esgueiravam no corredor escuro da casa da cartomante. A hora mais comum para consultas era à tarde. O lusco-fusco e a falta de iluminação ajudavam o anonimato.

Poderosas as cartomantes? E muito. No morro de Santo Antônio, atribuía-se a introdução da peste bubônica, o fim da criação de galinhas de Maria Caolho e a morte por estupor de Chico de Marocas a certa negra Marcolina. Amiga do Tinhoso, a quem recebia às sextas-feiras, a "bruxa" de muita idade gostava de pitar cachimbo de barro e saudar as pessoas com um "Louvado seja Nosso Senhor Jesus Cristo". Ali, num casebre que dava para a rua dos Arcos, atrás de algumas moitas onde brincavam moleques seminus, ela deitava cartas, conhecia orações para aprumar a vida, as normas de São Cipriano, fazia feitiços de sapo para "amarrar amantes" e dava consultas "para desmanchar coisa feita". Seu cliente mais assíduo: o poeta gaúcho Múcio Teixeira.

Mas quem botava as cartas? Resposta: os espíritos. As cartomantes eram apenas um instrumento, simples intérpretes da sabedoria dos mortos. A curiosidade e os momentos de crise ou de indecisão levavam católicos e não católicos ao seu baralho. A credulidade não tinha classe, religião, nem cor.

CRER NO INACREDITÁVEL

Divididos entre condenar e noticiar, os jornais da corte informavam regularmente "fatos estranhos": o aparecimento de um fantasma a um comerciante em Paris; a exibição dos irmãos Davenport, americanos "iniciados em todos os tipos de bruxarias" ou espetáculos extraordinários cujas "pasmosas cenas" não tinham explicação e que seriam "façanhas do mais extraordinário espiritismo"; as apresentações, no

Teatro de São Pedro, da Grande Companhia Americana de Mistérios e Novidades, com seus atores flutuando sobre a plateia, andando de ponta-cabeça no teto ou caminhando horizontalmente sobre uma parede vertical; o espetáculo dos médiuns Fay e Keller, em que instrumentos voavam sobre a cabeça dos espectadores e na sala escura se ouviam os sons vindos de diversas partes. Esse era mesmo um mundo misterioso, maravilhoso, surpreendente!

O já conhecido jornalista baiano Silva Neto foi dos que assistiu a Fay e Keller, mistura de prestidigitadores com médiuns, no Teatro Dom Pedro II, e era também dos que se maravilharam com o espetáculo. Relatou ele: "O cenário do Teatro achava-se iluminado, e nele cadeiras dispostas em semicírculo para assento dos espectadores. Sentamo-nos à linha da frente [...] para dominar a mesa onde estavam dispostos os instrumentos", que tocavam sozinhos.

Os instrumentos eram três violinos, dois pandeiros e duas campainhas. Fay foi amarrado a uma cadeira a pouca distância da mesa. Silva Neto ajeitou-se de forma a não deixar ninguém passar entre a assistência e a mesa. Apesar desse cuidado, "os instrumentos puseram-se em movimento e o som deles, dentro em pouco, partia de vários pontos no espaço".

Após alguns minutos nesta dança bizarra, Keller, que se achava sentado e seguro por um espectador, riscou um fósforo. Imediatamente, os instrumentos caíram, em vários pontos da sala, próximos aos espectadores. As velas do palco foram acesas e constatou-se que Fay continuava amarrado.

A seguir, Keller derramou um líquido fosforescente nos três violinos. Apagaram-se as luzes. E logo "os violões foram vistos e ouvidos no espaço a uma distância de cinco a seis metros, bem como passaram nas cabeças de alguns espectadores. Mal se iluminava a sala, os instrumentos caíam ao chão".

E Silva Neto a ponderar: "não tínhamos certeza de ser o fenômeno que se passava diante de nossos olhos medianímico ou se um fenômeno eletromecânico: conseguintemente, se o senhor Fay era um médium noturno de efeitos físicos ou se em parceria com o senhor Keller desempenhavam com habilidade folguedos de prestidigitação".

O espetáculo prosseguiu. Amarrado de novo, os nós selados com o sinete de um espectador, em menos de dois segundos de obscuridade Fay despiu sua casaca.

"Depois foi pedido o paletó de um dos espectadores e colocado sob a mesa, e nas mesmas condições vimo-lo passar para o corpo do senhor Fay."

Convicção do que viu? Ingenuidade? A conclusão de Silva Neto não deixava dúvidas: com algum tempo, Fay poderia produzir os "mesmos fenômenos sem necessidade de instantes de obscuridade, caso sua faculdade medianímica se amplie".

Não faltavam caricaturas sobre fenômenos inexplicáveis traduzidos pela imprensa da corte. Havia o caso, por exemplo, do médium que recebia o espírito do célebre bandido Cartouche enquanto seu ajudante, no escuro da sala, roubava os presentes. Ou a existência de viagens de certo sr. Faure Nicolay, "meio humano, meio diabólico", assunto nas ruas, nos cafés, nos passeios, nas missas e "não sei em quantos lugares mais". "Artista de reputação europeia, de nome feito em Paris, o seu teatro atrai a multidão diariamente. Ele conhece os segredos dos Davenport, discute o espiritismo e fala com o Diabo quando quer como qualquer de nós fala a seu alfaiate".

Mas não ficávamos atrás. Em março de 1864, a *Revista Ilustrada* anunciava:

NOVIDADE! NOVIDADE!

A época é dos espectros e por isso arregalem os olhos [...] Três franceses, amigos de Satanás, chegaram ultimamente do Inferno e trarão um carregamento de espectros, fantasmas e aparições para embasbacar os entusiastas do maravilhoso! O espiritismo já não é uma mentira. Diabos azuis, anjos amarelos, bruxas encarnadas, duendes verdes, espectros roxos, fantasmas negros e almas do outro mundo sem cor.

114

Era o tempo das "Mágicas", que lotavam os teatros e entusias-mavam as plateias, que aplaudiam com chuva de palmas. Em 27 de março de 1895, comentando a peça *O cavalheiro da rocha vermelha*, o *Jornal do Brasil* afirmava: "o público amador de bons espetáculos não se cansa de aplaudir a bela mágica"! Nos primeiros meses desse ano, a corte assistiu pelo menos a oitenta espetáculos do gênero. A presença de aspectos fantásticos, graças a profissionais especializados vindos do exterior, como maquinistas e pintores italianos, tornava os espetácu-los monumentais. Cenários e guarda-roupa, técnicas de bel-canto ou silêncios dramáticos mantinham o olhar colado ao palco. Números de ilusionismo e prestidigitação maravilhavam, transportavam para outros mundos. Em cena, sombras eram transpassadas por varas e facas e desapareciam instantaneamente ao ouvir a ordem do maestro. Fantasmas se desfaziam em vapor. Cabeças de cera passeavam pelo palco. Nos espelhos, surgiam vivos ausentes e mortos presentes.

Os investimentos de produtores de teatro nesses espetáculos ti-nham retorno garantido. No contexto da fantasia, até aspectos de crí-tica social e política eram denunciados. Elementos líricos, caros ao romantismo, como a presença de fadas, favoreciam a identificação com os temas abordados. E as músicas que faziam o pano de fundo das mágicas invadiam as ruas e eram cantadas ou assobiadas.

O Cearense, para deleite de seus leitores, publicava um "Boletim das Ciências Ocultas". Reações? Variadas: havia admiração, repulsão ou "fervente fé". E não faltavam transcrições de jornais estrangeiros que mais colocavam dúvidas do que davam respostas. Caso do *Jour-nal de L'Ouest*, que se perguntava, por exemplo:

Mas, se em tudo isso não há nada de sobrenatural, então o que há? Qual o agente maravilhoso que produz tais prodígios? [...] Agente insujeitável, imponderável... Não é nem corpo, nem flui-do, nem gás, nem espírito, nem matéria e, todavia, é tudo isso ao mesmo tempo. Chamem-lhe o que quiserem: *anima, spiritus*, éter, fluido magnético. Pouco importa o nome, basta ver os resultados.

115

"VADE RETRO": EXORCISMOS E OUTRAS DIABRURAS

E, de fato, fluido, mágica, fadas ou diabos, cada um que acreditasse no que bem quisesse. Os exorcistas que o dissessem. Sim, pois nas ruas do Rio de Janeiro se cruzavam possessas ou endemoninhadas. Criaturas gentis e dóceis caíam em ataques que as faziam babar, arquejar, cuspir uma espessa saliva. Os médicos as qualificavam como histéricas. João do Rio assistiu a uma dessas cenas: uma mulher que ficava suspensa a dois palmos acima do chão com os braços em cruz, mastigando insultos ao Criador. E outra que passava horas, enrodilhada com soluços secos, ameaçando com socos os crucifixos que lhe eram apresentados.

O remédio? Um exorcismo feito por um homem "velho, puro e forte", além de destituído das vaidades do mundo. Contra os falsos exorcistas, havia os jesuítas, alguns lazaristas e o superior da Ordem dos Capuchos. Frei Piazza era o mais conhecido: "o grande combatente dos diabos". Ele oficiava no singelo convento no alto do Castelo, entre a roupa que as lavadeiras punham a secar e o chamado cristalino dos sinos. Diferentemente do renomado frei Luís de Salvador, que só lidava com demônios europeus e mandava um sacerdote angolano para lidar com demônios africanos, frei Piazza oficiava sem limites culturais.

A questão era: em pleno amanhecer do século XX, os diabos existiam? Resposta: sim. Na tenda de feiticeiros que se tornou a capital da corte, não faltavam missas negras, satanistas, espectros que caminhavam ao lado das pessoas e magos amigos de Belzebu.

A prova é que fatos estranhos deram de acontecer: sereias, faunos e tritões apareciam, aqui e ali. O João catraieiro, no cais dos Mineiros, vira emergir do mar uma dama de vermelho e homens de barba verde que riam e assobiavam. Histéricas, não curadas pelos métodos do neurologista francês dr. Charcot, subiam o morro, debaixo de mantilhas para esconder o rosto. Iam buscar tratamento com frei Piazza, que exorcizava das quatro da manhã às quatro da tarde, uma vez por semana. Só em 1903, foram mais de trezentas demoníacas que Satã arrastara para as profundezas do inferno. O jornalista João do Rio

116

perguntou: "O exorcismo é público?". E obteve como resposta: "Nem sempre. O Diabo pela boca dos possessos conta a vida de todos, injuria os presentes. Não é conveniente".

O exorcismo se fazia de acordo com regras estabelecidas num livro de marroquim vermelho: o *Rituale*. Lia-se em voz alta o ofício de expulsão do "ministro indigno de Deus", seguido de passagens dos evangelhos segundo São João, São Marcos, São Lucas. Nesse ínterim, se fazia várias vezes o sinal da cruz no possesso envolto na estola clerical.

– Eu te exorcizo, imundo espírito, fantasma legião em nome de Nosso Senhor Jesus Cristo, ordeno-te que abandones esta criatura feita por Deus com terra [...] Adjuro-te, serpente antiga, em nome dos julgamentos dos vivos e em nome dos mortos, em nome do teu Criador e do Criador dos mundos, daquele que tem o poder de te enviar ao inferno [...] Obedece a Deus diante do qual se ajoelham os homens [...] Sai agora, sai sedutor. O deserto é tua morada e a serpente a tua habitação etc.

Porque o Diabo amava a imundície, encontrava suas vítimas nas "classes baixas, sem limpeza". Graças à sua presença, as pessoas se tornavam sábias, de repente. Falavam línguas estrangeiras. Era fácil para o exorcista identificá-las. Enquanto isso, a endemoninhada praguejava, batia a cabeça, coleava como cobra, cuspia até cair exausta e livre do Príncipe das Trevas. A ordem era de que fosse para casa anunciar as boas coisas que Deus fizera por ela.

Frei Piazza trabalhava demais, pois havia muitos satanistas na cidade. Um dos pontos de encontro dessa gente era o herbanário do Saião, na rua Larga de São João. Ali, segundo o jornalista, reuniam-se as cartomantes, os magos, os negros dos ebós, as parteiras, praticantes de "todo o crime religioso". E que crimes! Um comprava carneiros para lhes chupar o sangue, pois era "vampirista". Outro satisfazia apetites inconfessáveis – detalhe: era prosaico funcionário dos

Correios, esclarecia João do Rio. Outros ainda praticavam a missa negra e encantamentos com bonecos de cera representando quem se queria prejudicar.

Havia quem xingasse a Virgem Maria com sonoros palavrões e quem desfiasse um rosário de nomes ocultistas e simbólicos. Os escritores transformavam Belzebu em personagem de novelas. Homens e mulheres chamavam seu nome para obter amor, riqueza e poder. "Satanás faz milagres a troca de almas", admoestava João do Rio. E ainda animava sabás, festas noturnas com "fúrias desnudas e sob a ventania do cio", no pacato Engenho Novo. Seus ajudantes eram espíritos de mortos, ou fantasmas dos que tiveram morte violenta.

O problema, segundo Saião, eram os "malefícios satânicos estarem inundados de azeite de dendê e de ervas de caboclos". A magia "estava decaída eivada de costumes africanos e misturadas de pajés"! Não se aplicavam corretamente as receitas do livro de magia *Clavícula de Salomão*: ratos brancos, morcegos, sangue mensal das mulheres, fluidos vários e sangue. Muito sangue. Na missa negra presidida por Justino, o Bode, se misturavam, segundo João do Rio, velhos viciados, ninfomaníacas e prostitutas que comungavam hóstias roubadas à igreja mais próxima. O cenário tinha um altar-mor, ladeado de um pavão de cauda aberta, símbolo do Vício Triunfal. No teto, morcegos em corações de papel vermelho e panos pretos com cruzes de prata. A sala, iluminada por castiçais altos, era sufocante com os cheiros do braseiro. Sacristãos seminus, depois de orações conclamando Satã, davam início ao bacanal.

Na saída, assustado, João do Rio ainda ouviu do porteiro: "Não quer água maldita?". Saiu correndo como doido na noite enluarada, contou.

Próximo aos satanistas, estavam os leitores do *Livro de São Cipriano*: livro de feitiçaria com sua carga de maldição, vendido nas boas casas do ramo, como a livraria Garnier, em meio a autores como Alencar e Kardec. Ao trazer ao leitor uma série de informações sobre alquimia, astrologia, ritos pagãos e cabala, o texto formava um ciclo de narrativas em que o Demônio era logrado pelo santo bruxo. Mas não sem antes ensinar uma série de artifícios para compensar as agruras e impotências da vida. Ali se encontravam instruções para tratar moléstias, além de cartomancia, esconjurações e exorcismos. A Oração da Cabra Preta, a Oração do Anjo Custódio e outras da crença popular também eram inclusas: *Magnificat*, Cruz de São Bento, Oração para Assistir aos Enfermos na Hora da Morte etc. Além dos rituais de como obter um pacto com o Demônio, como desmanchar um casamento e o da caveira iluminada com velas de sebo.

Cipriano, o feiticeiro, sempre foi celebrado no dia 2 de outubro. Foi um homem que dedicou boa parte da vida ao estudo das ciências ocultas. Dizia-se dele que tinha a graça de curar com preces e o toque das mãos. Era capaz de criar diabinhos familiares, chamados de *familiás* ou *fradinhos da mão furada*, com menos de um palmo de altura, mas capazes de coisas maravilhosas. Definia quem eram os fantasmas, assim como os meios para combatê-los. Sua invisibilidade, porém, era um dos pontos altos do mistério que o envolvia. Reza a lenda que, após se deparar com a jovem santa Justina, converteu-se ao cristianismo. Martirizado e canonizado, sua popularidade cresceu devido ao famoso *Livro negro*, um compilado de rituais de magia escrito antes da conversão. Como se vê, na corte imperial, por baixo do cristianismo, batia forte o coração do paganismo.

Paganismo e tradição popular que faziam – surpresa! – do Diabo um bom amigo. Contrariamente à imagem pintada pela Igreja de um chifrudo vermelho, de olhar de fogo e longas garras capaz de afundar o pecador nos horrores do inferno, a tradição popular o levou para o palco por meio da imagem irônica, amigável, irreverente e esperta do "bom diabo".

Encontrado nos espetáculos de mágica como um dos atores principais, ele era sucesso de bilheteria. *A loteria do Diabo*, encenado no Teatro de Variedades em 1877, *A pera de Satanás*, encenado para comemorar o aniversário da imperatriz Teresa Cristina, no Teatro São Luiz, também em 1877, *Frei Satanás*, no Teatro de Variedades, em

1891, *A chave do inferno*, no Teatro Recreio, em 1899, e a *Bota do Diabo*, no Teatro Avenida, em 1908, mantinham as casas cheias e revolucionavam pelo riso. Nos palcos, personagens como Satanisa, Sataniel ou Diavolina, encarnados por atores renomados, levavam remédios para os doentes, serviam de alcoviteiros entre namorados, eram cômicos e matreiros. A fronteira entre o Bem e o Mal, Deus e o Diabo já não era mais a mesma.

"AS ENDEMONINHADAS"

Demônios andavam na boca de médicos, também. É bem provável que eles achassem que a expressão "endemoninhada" ainda servisse para designar algo de ruim ou errado. Pois, em 1880, esse era o adjetivo que eles atribuíam às "histéricas". Uma histérica era a "endemoninhada" de então. Na época, os médicos não acreditavam mais em possessão por Satã, mas outros males, tais como "ilusões esvaecidas, esperanças quiméricas e sonhos malogrados", serviam para explicar as causas de distúrbios mentais. A inveja, por exemplo, podia criar histéricas. Ao chamá-las de "endemoninhadas", os médicos retomavam a crença de que mulheres eram mais frágeis, sujeitas a errar e vítimas de seus próprios sentimentos descontrolados. Afinal, elas eram descendentes de Eva. E Eva era a responsável pela conversa com Satã e expulsão do Paraíso, não?

Segundo alguns doutores, em Paris, a histeria era muito comum, pois, diziam eles, tendo recebido quase a mesma educação, ao se casarem, as pobres invejavam os maridos das ricas. O casamento curava a doença? Não: "porque as dificuldades cotidianas e os pequenos cuidados do lar serão pasto insuficiente às vastas aspirações de uma imaginação desregrada". A miséria, o pesar e o mal-estar podiam agravar o estado. E, sendo apenas "histeria ligeira", não se tratava de uma verdadeira doença, mas de um dos aspectos da personalidade feminina: "Pode-se mesmo dizer que as histéricas são mais mulheres do que as outras; têm sentimentos passageiros e enérgicos, fantasias móveis e brilhantes e, entre tudo isso, dificuldades de dominar a razão".

As "endemoninhadas" encheram as páginas da *Gazeta de Notícias* no início da década de 1880. Casos eram transcritos. O primeiro sintoma? O ódio ao marido. Afundar-se na leitura de poetas e romancistas menos recomendáveis era outro sinal da doença. "Gestos de mocinha e tom chulo nas discussões", outros ainda. Só comer salada e pão com sal, lágrimas seguidas de gargalhadas, invejar as "existências tumultuadas" e, resumindo, "sentir, pensar, não ter vontade, eis as três misérias nas quais se debatem as pobres histéricas".

Elas enchiam os hospícios, e sua doença tinha gradações: podia ser leve como a de madame Bovary, personagem de Flaubert, ou grave, com ataques convulsivos e delírios tratados a choque e água gelada nos melhores hospitais. O novo recurso era tratá-las espetando-as com longas agulhas sob anestésicos recém-inventados. Da mesma forma que os inquisidores e exorcistas aplicavam tenazes no corpo das possuídas para encontrar a marca do Diabo, aqui também se buscava a fonte da "lesão orgânica material" por intermédio de instrumentos pontiagudos. Como não se encontrava nada, a conclusão era de que endemoninhadas e histéricas sofriam de uma "perversão dinâmica"!

Os médicos caprichavam na "descrição dos sintomas que podiam ser chamados demoníacos", mas que não passavam de um grande ataque de "histero-epilepsia". Como registrou um observador:

> Não há espetáculo mais assombroso talvez do que o dos acessos demoníacos. Agitam o corpo do doente tremores e abalos violentos. Contraem-se-lhe os músculos ou distendem-se tanto que parecem arrebentar. Saltos prodigiosos, gritos, ululos espantosos, vociferações confusas e contorções inesperadas numa criatura humana, tal é o medonho quadro de uma histérica durante o ataque.

O problema não era o Diabo, mas o aparelho reprodutor feminino. Caretas, roupas e lençóis rasgados, saltos prodigiosos, corpos vergados sobre a cama à volta da qual se reuniam para observar a endemoninhada o célebre dr. Charcot, fundador da neurologia, e sua equipe. E o jornal a concluir: não admira que em épocas remotas se acreditasse que só o Diabo podia desencadear tais reações no corpo humano. O ponto de partida do acesso demoníaco era o ovário. Para cessar o ataque, bastava apertar a barriga da paciente.

Cada histérica tinha uma forma peculiar de delírio. Nele, a mulher recordava episódios de sua vida, com sustos e emoções violentas entre gritos. Ratos, sapos e outros animais imundos faziam parte das alucinações. Mas, apesar da aparente desordem dos ataques, "tudo estava previsto, regulado e determinado; toda aquela desordem marcha com a precisão matemática de um relógio bem certo". Era a ditadura da ciência!

Mas o que queriam as endemoninhadas? Que alguém se interessasse por suas pequenas paixões e cóleras. Que sua inteligência e vestuário fossem admirados. Que aceitassem suas mentiras e palavras desabusadas. Que se adotassem suas "antipatias e simpatias absurdas". Umas simulavam uma gravidez inexistente. Outras se cortavam com tesouras. Outras ainda roubavam. Em resumo: queriam atenção, segundo os doutores. Eram carentes. O famoso Charcot passou a tratar a histeria com hipnose.

E na corte não ficamos atrás: a moda da hipnose pegou. O Instituto Elétrico e Magnético Federal, situado à rua Sete de Setembro, nº 14, vendia o livro de certo dr. J. Laurence, que ensinava "a última palavra sobre hipnotismo ao alcance de todas as inteligências". Instruía sobre como recrear com o magnetismo e o hipnotismo, adivinhar a sorte, descobrir criminosos, veios de minerais e coisas ocultas, transmitir a distância qualquer recado pela ação do pensamento, corrigir maus hábitos, desamor e infidelidade, extinguir gordura, surdez e fraqueza de vista, entre outras tantas facilidades. Nos Estados Unidos, tivera 84 edições e era vendido por 10 contos de réis.

Em sete aulas, o mesmo Instituto Elétrico e Magnético oferecia lições sobre "o governo magnético dos outros" e sobre como ter poder nas relações sociais, profissionais ou com o sexo oposto. Não esclarecia, porém, como combater a histeria ou as endemoninhadas. Isso continuava tarefa de doutores.

O MISTERIOSO SONO

"Prende-se ao aspecto demoníaco o misterioso sono do sonambulismo", decretavam os doutores. Tudo começou com as sessões de magnetismo introduzidas na França por Antoine Mesmer, as quais ganharam aficionados nos primórdios do espiritismo. Os primeiros sintomas eram langor e sonolência agravados pelo silêncio e pela escuridão da sala onde se realizava a operação. A seguir, gemidos do paciente em ataque de sonambulismo. Esse era um fato evidente, diziam os médicos. Era possível provocar sonambulismo em indivíduos portadores de certa "neurose de natureza especial".

Para provocá-lo, bastava, muitas vezes, um pequeno abalo do sistema nervoso. Em meio minuto, podia se adormecer quem já tinha sido magnetizado. Passes com as duas mãos eram realizados na frente do rosto do paciente. Sua fisionomia perdia, então, a mobilidade e ficava sem expressão. Os membros entorpecidos impediam qualquer tipo de movimento, enquanto sensações vagas de calor e frio atacavam-lhe o corpo. Os olhos não mais se abriam e as pálpebras pendiam pesadas. A respiração era calma e lenta, enquanto o corpo parecia congelado.

Proximidade com as endemoninhadas? Sim, pois podia-se espetar um sonâmbulo que ele não reagiria. Se antes tivesse dores, elas cessavam. Se ouvisse falar de assuntos tristes, chorava. Era capaz de relatar o que via em sonho, a linguagem se aprimorava e exprimia todos os sentimentos que lhe iam à alma. Os sintomas da "esquisita moléstia" não atacavam apenas mulheres e histéricas. Mas também homens.

Era possível que os sonâmbulos rasgassem a cortina do futuro e desvendassem mistérios graças à lucidez que adquiriam no sono? Para alguns médicos, tudo não passava de fábula. A simples palavra "sonambulismo" os fazia sorrir diante do que consideravam uma "velhacaria". Os sonâmbulos que se exibiam em feiras e teatros não eram "lúcidos", mas doentes. Seu lugar: o "hospício de doidos". Para eles, o sonambulismo era uma moléstia que, sem produzir alienação mental propriamente dita, perturbava profundamente as funções da inteligência. Mas essa era apenas mais uma opinião dos que opunham ciência e sobrenatural.

Pois, num dos maiores hospitais de Paris, o La Salpêtrière, o neurologista dr. Charcot hipnotizava para "sonambulizar". Com as mãos apoiadas na cabeça das histéricas, massageando-as suavemente, deixando-as mover os braços à vontade, Charcot as adormecia. Ele reabilitou a hipnose como objeto de estudo científico para tentar tratar a histeria, descrevendo seus aspectos somáticos. O sonambulismo ganhava suas cartas de nobreza.

Porém, bem antes de Charcot, desde o fim do século XVIII, na Europa, os doentes recorriam às sonâmbulas (posteriormente chamadas de médiuns) para diagnosticar seus males, medicá-los ou prescrever remédios. Magnetizadores as punham em estado de "lucidez" para suscitar sua clarividência. Pouco a pouco, muitas se auto-hipnotizavam ou modificavam seus estados de consciência para trabalhar sozinhas. E usavam sua vidência tanto para curar quanto para predizer o futuro.

O sonambulismo inseria-se, assim, na cultura popular ao lado de outras tradições de cura, mas com um *plus*: tinha um caráter científico. E, mais do que benzedeiras ou curandeiras, as sonâmbulas faziam sombra a muitos médicos. As sonâmbulas se queriam filhas da novidade, da vida urbana, do progresso. Sua inserção popular lhes garantia sucesso. Elas cuidavam dos doentes com um vocabulário simples de compreender. Usavam remédios fáceis de aplicar. Algumas buscavam uma dimensão moral ou espiritual para seu trabalho, apostando na criação de novos laços sociais neste e no outro mundo.

A profissão de "sonâmbula lúcida" surgiu na segunda metade do século XIX, confundindo-se com outras funções exercidas pelos médiuns ou curandeiros. O nome custou a se firmar, pois sua atividade se queria racional, um símbolo dos avanços da ciência por meio do magnetismo, método ungido pelo dr. Charcot. Na maioria dos anúncios de jornal, porém, seu ofício aparecia ligado não ao tratamento da histeria, mas à vidência.

O filósofo alemão Hegel, em seu *Filosofia do espírito*, volume III da *Enciclopédia de ciências filosóficas*, foi mais longe e aceitou a hipótese de uma capacidade de clarividência em certas pessoas. E considerava o sonambulismo uma doença da alma que permitia escapar do poder da consciência. Intelectuais inseridos nas correntes espiritualistas saídas de movimentos teosóficos também se interessaram pelo sonambulismo. Em suas mãos, as sonâmbulas mais sensíveis se tornavam instrumentos para responder às perguntas feitas a Deus ou aos mortos.

Na prática do sonambulismo, cresceu a importância das mulheres. Kardec tinha grande simpatia por elas e por sua educação. Elas foram uma legião muito respeitada nos Estados Unidos, onde nomes como Cora Scott e Achsa Sprague, pioneiras do feminismo e do espiritismo, se impuseram. As visões, muitas vezes, vinham da infância, como descrevia miss Cook, jovem inglesa:

> Tenho dezesseis anos de idade. Desde a minha infância vejo espíritos e ouço-os falar. Tinha o costume de sentar-me a sós e conversar com eles. Eles me cercavam e eu os tomava por pessoas vivas. Como ninguém os via nem ouvia, meus pais procuravam inculcar em mim a ideia de que tudo era produto de minha imaginação.

A visão das sonâmbulas explorava os mundos extraterrestres e se comunicava com espíritos. Elas eram capazes de descrever suas vidas, organização social e comunidades. Elas falavam e escreviam sobre assuntos diversos, buscavam transformar a vida física e moral dos homens sobre a Terra, prometendo-lhes um mundo melhor na eternidade. Tudo isso lhes dava um papel diferenciado numa sociedade em que as regras morais lhes interditavam um papel público.

E *o Jornal do Comércio* anunciava: "Sonâmbula dá consultas todos os dias pelo preço de 15 contos de réis; informar-se na rua Sete de Setembro nº 33, das 11 horas às 3 da tarde". Muitas vezes, era o marido quem oferecia os serviços da mulher.

Consultas com sonâmbulas, diferentemente de cartomantes e curandeiras, eram coisa para gente rica: elas cobravam caro e recebiam em ambiente luxuoso. Os 15 contos de réis de consulta representavam parte considerável do orçamento de uma família modesta que comprava calça e paletós a 7 contos de réis e uma dúzia de cervejas a 2 contos de réis.

As consultas eram longas e havia prestígio em ser sonâmbula. Dores reumáticas, amenorreias e males de estômago eram com elas mesmas. Diagnósticos sobre a espessura do sangue, "muito fino, grosso, granuloso, em bola, congestionado", também eram sua especialidade. O truque para dormir, sem as massagens do dr. Charcot? Olhar para um copo d'água, uma bola de cristal, um espelho ou um cristal de quartzo. Algumas sonâmbulas eram convidadas a animar *soirées* – festas – na casa de gente rica, onde todos lhes faziam a mesma pergunta: "o que virá?".

ALGUNS SOBRADOS... ASSOMBRADOS

Ciência ou sobrenatural? Ambos. Não houve aqui a fundação de um Clube dos Fantasmas, como em Londres, mas muita gente acreditava em sua existência. Coisa de contos de terror, passados nas névoas e penhascos ingleses? Não. Tínhamos as nossas casas assombradas. Ficavam fechadas, com janelas cerradas e quintais abandonados onde residiam ecos de monólogos perturbadores, na escura madrugada. Havia quem afirmasse ver ali "visagens" nas varandas ou luzes nos telhados, dos quais emergiam vultos que se perdiam na noite. Havia quem ouvisse barulho de gente invisível e o arrastar de correntes de escravos maltratados. Acreditava-se haver tesouros enterrados ou gente emparedada. Corriam boatos de aterrorizar cristãos: assombrações vagavam pelos corredores sujos. Corujas piavam à noite. A vizinhança evitava passar na frente de tais sobrados sem se benzer várias vezes.

As notícias costumavam começar assim: "esse relato é verdadeiro e cercado por circunstâncias que podem induzir qualquer homem sensato a acreditar nele"! Os proveitos que se tiravam delas consistiam em pensar na vida que estava por vir. Qualquer um podia virar alma do outro mundo... ou encontrar-se com uma!

Em agosto de 1886, a *Gazeta de Notícias* dava aviso de uma casa amarela, "na florescente vila de Santo Amaro, celeiro da capital paulistana, onde o vulgo afirmava haver bailes desenfreados às sextas-feiras nos quais dançava uma mulher muito magra e muito pálida de longos e desgrenhados cabelos até a meia-noite".

A partir do mês de junho de 1889, quase diariamente, o mesmo jornal noticiou os eventos ocorridos na casa de número 4 na rua Barão de Mesquita, na Tijuca, no Rio de Janeiro. O que era boato passava a fato. À noite, trilavam apitos sem que se identificasse de onde vinham. Um operário que atravessou os portões viu surgir o fantasma de uma mulher que passou por ele voando. A quem reagisse à sua aparição, ela tapava o rosto do transeunte com uma mão fria como gelo e o cobria de bofetões antes de sumir. Pela rua onde ficava a casa, cruzava um cavalo preto com seu cavaleiro igualmente vestido de preto e se esvaeciam na terra. Sinistro. Do forro do sobrado, escapavam chamas azuis e amarelas que se moviam, acendiam e apagavam sozinhas. As madeiras rangiam. O cheiro de enxofre invadia o ar e certa voz lacrimosa perguntava: "Céticos, que vindes fazer aqui?!". Um gato preto, grande como um cão, fazia "artes do demo". As coisas extraordinárias que emanavam da casa reuniram tal tumulto de gente que os praças do Colégio Militar foram obrigados a interferir. No dia seguinte, comentava o jornal:

> O estranho caso tem sido ultracomentado. Espíritas, hipnotistas, videntes, sectários de Mesmer, medrosos de almas do outro mundo, gaiatos e crédulos têm concorrido com seu contingente para, cada vez mais, obscuro e incrédulo tornar o assunto.

Ao passar na frente da casa, gente do povo rezava uma quadrinha que dizia:

> A bruxa da mão furada
> das unhas escarrapachadas
> cada casa tem quatro cantos
> cada canto tem seu santo
> Pai, Filho e Espírito Santo.

Quem teria morado ali? Um chapeleiro bizarro que pedia a quem passasse que tirasse o chapéu. O aspecto sombrio e misterioso da casa a tinha transformado numa "esfinge para os crédulos". Pediu-se até ao jornal católico *O Apóstolo* para que elucidasse o caso que poderia se prestar a um exorcismo. "Casos mais ou menos tétricos têm vindo à luz da publicidade", martelava a *Gazeta*. O número de casos sobrenaturais era tão grande que "raro é aquele que se possa gabar de não ter esbarrado nestes últimos dias com uma meia dúzia de almas do outro mundo". E almas tão insistentes quanto irascíveis credores.

Entusiastas do fenômeno da casa mal-assombrada inundavam a redação com cartas. Certo José da Cunha Braga contava que, ainda estudante de filosofia, depois de ter lido o livro *Tratado de hipnotismo*, do dr. Fajardo, dissera a um colega: "Eu não acredito nisso!...". E adormeceu. Acordou com um fantasma que dizia: "Acredite!", mas que desapareceu depois, numa grande gargalhada. Outro leitor, Aníbal César de Lima, acordou com o beijo da mãe que, vestida de preto, trazia um ramalhete às mãos. Com um olhar bondoso, ela avisou: "Vim despedir-me". Dois dias depois, ele recebeu a notícia de sua morte e achou aos pés da cama o ramalhete com que sonhara. "Não profanaria o nome de minha mãe para fantasiar uma narrativa", argumentava. Era tudo verdade! O espírita Jorge Braga de Souza acrescentou mais; sim, aquilo era "verdade sem rebuço". Certo dr. Magnus Sondahl resolveu explicar tudo como resultante de "alucinação" e, citando vários autores estrangeiros, explicou: "A comunhão prolongada do pensamento sobre um objeto acaba por determinar um estado extático do cérebro, no qual a imagem do objeto não tarda a produzir-se e a afetar o espírito como se fosse realmente percebida pelos olhos"!

Em vários números do jornal, prosseguiam as investigações sobre o sobrado nº 4, sem que explicações racionais fossem dadas. E, para alimentar as histórias, outro leitor contou que, em caçada na Floresta da Tijuca, tentou abater uma pomba pousada sobre uma cruz. Sua mão se enrijeceu, enquanto uma voz rouca o admoestou: "Nem respeitais a cruz que indica a morada de um infeliz". A pomba se transformou em sombra. Outro ainda lembrava que "em redor de nós existe um mundo de espíritos mais povoado do que o nosso".

Na rua Benjamim Constant, nº 26, novos fenômenos, segundo o *Jornal do Brasil*. A casa era apedrejada de todos os lados, durante a noite. Mãos invisíveis de estranhos visitantes faziam voar decididos pedregulhos sobre o telhado e as janelas. O guarda-noturno vira um vulto branco bailar na frente da casa. Vira também outros fantasmas; seus cabelos se arrepiaram e ele correu para a delegacia mais próxima. Entre os vizinhos, murmurava-se que almas do outro mundo perseguiam o dono da casa e sua criada.

Mesmo fenômeno de pedras voadoras em 1890, sobre as casas de números 16 e 22 da rua Dona Mariana. O terror virou queixa na delegacia da Lagoa. Em 1905, dentro de uma casa da rua Goiás, no Encantado, pratos se moveram dentro do armário, chinelos se arrastaram sós pelo quarto e feijões bailaram no ar, fora da panela! E tudo isso foi estampado na primeira página do *Jornal do Brasil*, que informava também que uma romaria de curiosos se fez para observar as estripulias de almas penadas. "Quadros tétricos" se multiplicavam na região suburbana, avisava o periódico. Um "vulto branco" cercado de luz fosforescente distribuía cascudos a quem dele se aproximasse, e tais fatos levavam "enorme concorrência de gente ao lugar misterioso". O caso tomava "proporções assustadoras". Seria a causa o enterro de um cachorro com três cabeças? Foi solicitada a ajuda de um médico, um repórter e um sacerdote para a "completa investigação de fatos misteriosos". Eles nunca foram elucidados.

Mesmo depois das reformas urbanas feitas pelo prefeito Pereira Passos, casas mal-assombradas persistiram, e os indivíduos pareciam não ter perdido a capacidade de se maravilhar. Embora a cidade tenha ganhado avenidas e torres altas enquanto restos coloniais eram postos abaixo, em 1907, na rua Costas Bastos, nº 33, almas do outro mundo organizavam regularmente "*sabbats* infernais": gargalhadas estrondosas, assobios, arrastos de correntes. Proprietário do imóvel, o comerciante Miguel Arthur Lopes teve que chamar o Corpo de Bombeiros. Foi tudo considerado "uma brincadeira de mau gosto". Mas o povo acreditava.

Até 1911, a *Gazeta de Notícias* publicava, com fotos, histórias de sobrados assombrados. A última foi sobre a casa da rua Senador Pompeu, nº 129. Ela guardava "a triste herança de uma história de crime no seio de uma família". Páginas de sensação, sem dúvida. Mas, com elas, a Livraria do Povo continuava a vender tudo quanto se pudesse desejar em relação às almas do outro mundo: como falar com espíritos de dia ou de noite, oráculos sobre o futuro, formas de magnetizar espíritos, fotografias de fantasmas, além de todas as obras de Kardec. E tudo ao som da polca "As almas do outro mundo", publicada pela editora dos senhores Narciso e Arthur Napoleão. Era a dança dos espíritos!

4.
OS INIMIGOS DO ALÉM

Inimigos no horizonte...

Enquanto o sobrenatural parecia dar as cartas na corte, a campanha contra o espiritismo não arrefecia. Antes "coisa de negro", agora "coisa de branco", pouco importava: o que importava era diabolizá-lo. Identificá-lo ao Mal.

Desde o aparecimento das irmãs Fox, nos Estados Unidos, os adversários do magnetismo ou do espiritualismo tendiam a associá-los aos poderes de Satã ou à loucura. Alguns médiuns escaparam por pouco do linchamento. Quanto mais crescia a vaga espiritualista, mais fortemente a Igreja Católica reagia. E nos próprios Estados Unidos. Em Boston, por exemplo, o jornal católico *The Boston Pilot*, de enorme tiragem, registrava, em 1852:

> A maioria dos médiuns se torna perdidos, idiotas, loucos e estúpidos e acontece o mesmo com seus clientes. Não se passa uma semana sem que saibamos que um destes infelizes se destruiu pelo suicídio ou entrou para o hospício. Os médiuns dão sinais não equivocados de um estado anormal em suas faculdades mentais e, em alguns deles, encontramos um signo de possessão verdadeira do Demônio.

Morador de Paris, o escritor português Eça de Queiróz também não poupava a doutrina e seus adeptos. E era sempre mais fácil misturar acusações e reduzir o espiritismo a "nada", ainda que ficasse claro que os centros mediúnicos estavam em expansão na França. Dizia Eça em suas *Notas contemporâneas*:

Um amigo meu que se ocupa do espiritismo, de teosofia, de magias e de ciências ocultas, por diletantismo intelectual, desejou que eu o acompanhasse em um centro espírita em Paris, aonde ele ia para contatar médiuns e magos para uma experimentação solene de fenômenos psíquicos.

E fuzilava:

São tratados, gurus, confissões, compêndios, monografias, histórias, sistemas, vulgarizações, seletas, diálogos, poemas e tudo versando sobre nada. Sobre nada? Não, sobre uma possibilidade, sobre uma nuvem que talvez esconda Juno ou Psichê, a Psichê real e viva...

O *Dicionário Larousse*, publicado em 1876, trazia um verbete sobre "espiritismo", tratando-o como uma doença mental, e outro sobre Kardec, definido como alguém que teria contribuído para divulgar na Europa "a funesta epidemia do supranaturalismo" e que fundara "sobre quiméricas manifestações de espíritos um conjunto de doutrinas religiosas e morais". Quem assim determinava eram membros da Academia de Ciências da França. O *Standard*, de Londres, registrava: mais de mil internos nos hospícios dos Estados Unidos em decorrência do espiritismo em 1881.

A Igreja, como já vimos, também movia sua guerra contra a doutrina. Desde 1864, ela colocou no *Index* de livros proibidos as obras espíritas e perseguia a necromancia, ou seja, a comunicação com os mortos, a qual considerava maldita. A ordem era: que os padres respondessem às manifestações de espíritos com a arma tradicional, os exorcismos. Do ponto de vista do Santo Ofício, os espíritos eram assimilados a demônios, e os que os invocavam, a adeptos de Satã.

No Império brasileiro não foi diferente, e os argumentos tampouco variaram. *O Apóstolo*, que denominava o espiritismo de "nefanda doutrina", "nódoa oleosa", admoestava os católicos: quem frequentasse círculos espíritas para aderir à doutrina seria punido com excomunhão. A propaganda espírita "lavrava com intensidade", advertia. Mas o que era discutido como ciência, acusavam, não passava de falsa religião! Era panteísmo misturado à ignorância. Queriam destruir o catolicismo para deificar o Demônio. Às vezes, os espíritos até diziam verdades. Mas era artifício de Satã: "mágica", acusavam os pregadores.

"Não há beco que não tenha uma lojinha espiritista." E as consequências? "Grande número de vítimas que desesperadas procuram consolo no suicídio ou enlouquecem." A pastoral do arcebispo da Bahia já não alertara contra o "diabolismo" que levava à loucura e ao suicídio?

E a imprensa usava suas páginas para contar histórias exemplares contra o espiritismo, como a do inglês John Macarthy. Seu relato dava conta de um vapor que seguia da Austrália para Liverpool, com 22 tripulantes. O ano era 1876. Entre eles, um médium que, depois de seguidas sessões no tombadilho, converteu tripulantes e passageiros. O médium, "quanto mais lições dava, mais ia perdendo o juízo". Até que resolveu convidar a todos para "se converter em espíritos". Para isso, bastava lançar-se ao mal na noite do dia 20 de maio.

"Aquela noite foi terrível. O vento balançava as vergas e caía uma chuva espessa. Às dez horas da noite o médium atirou-se ao mar primeiro e se seguiram seis passageiros." Outros iam imitá-los quando o capitão chegou, ameaçando "estourar os miolos" de quem desse mais um passo. "O resto da viagem passou-se tranquilamente", conclui o jornal.

O Jornal da Bahia noticiava o caso de uma mãe que, por "obra dos espíritos", arrancara os próprios olhos e os de seus filhos. O espiritismo, denunciava O Apóstolo, crescia sem parar e, com ele, o número de "dementes, possessos e alucinados" que prestavam "culto aos demônios inimigos de Deus". No catolicismo, eternidade não rimava com "imbecilidade"! E os seus devotos não eram condenados a "graves males" ou tratamentos equivocados que exigiam "enérgicas providências". "O governo estaria cego?", indignava-se o editorialista de O Apóstolo.

Na vida materialista em que a sociedade estava mergulhada, o espiritismo não era um simples jogo de mágicas, e sim um desmentido lançado por Belzebu que lembrava: a vida espiritual existia! Pois tudo que vive só procedia de inspiração divina ou satânica. E eles, os espíritas, emergiam direto do inferno! E tome sermões do bispo na matriz da Candelária, sobretudo durante a Quaresma, contra o "grave pecado de entrar em sociedades condenadas pela Igreja".

O Jornal do Comércio, em sua edição de 13 de dezembro de 1874, acusava o espiritismo de fabricar "loucos" e pedia a interferência da polícia, concluindo: "É uma epidemia mais perigosa que a febre amarela...". Enquanto o Diário do Comércio cravava: era uma "nova loucura. Uma nova manifestação dos extravios do entendimento humano". Não faltava quem achasse que alcoolismo e espiritismo eram sinônimos e que, somados, era caso de polícia e da Junta de Higiene. O lugar dos adeptos seria o Hospício Nacional dos Alienados.

Nos anos 1870, até mesmo Machado de Assis jogava lenha na fogueira antiespírita. Segundo ele, além de enriquecer a língua portuguesa com a palavra "mediunidade", o espiritismo seria uma fábrica de idiotas e alienados. O escritor dividia a vida útil do crente espírita em duas fases: na primeira, ele conversava com os espíritos ainda em seu juízo perfeito. Na segunda, que começava quatro ou cinco anos depois, se tornava vítima de demência pura. Doença, aliás, observável somente por alienistas, depois de cuidadoso exame. E então era o caso de chamar a "polícia e o carro" que transportava loucos.

O conto "Uma visita de Alcibíades" foi uma sátira mordaz ao espiritismo. Nele, o personagem Álvares, um desembargador, é o

protagonista de um encontro com o espírito do "grego autêntico, tra-
jado à moda antiga". E assim Álvares relatou essa visita numa "carta
ao chefe de polícia da corte":

– Sou espírita desde alguns meses. Convencido de que todos
os sistemas são puras nulidades, resolvi adotar o mais recreativo
deles. Tempo virá em que este não seja só recreativo, mas também
útil à solução dos problemas históricos. É mais sumário evocar o
espírito dos mortos do que gastar as forças críticas, porque não
há raciocínio nem documento que nos explique melhor a intenção de um ato do que o próprio autor do ato.

E Machado sempre usava sua fina ironia:

Determinei, portanto, evocar o ateniense; pedi-lhe que com-
parecesse à minha casa, logo sem demora.
E aqui começa o extraordinário da aventura. Não se demorou
Alcibíades em acudir o chamado; dois minutos depois, estava ali na
minha sala, perto da parede; mas não era a sombra impalpável que
eu cuidara ter evocado pelos métodos na nossa escola; era o próprio
Alcibíades, carne e osso, vero homem, grego autêntico... [...]
– Que me queres? perguntou ele.
Ao ouvir isso, arrepiaram-se-me as carnes. O vulto falava e
falava grego, o mais puro ático.

O conto se desenrola em torno de uma questão: que impressão
teria um grego autêntico do vestuário moderno? O diálogo prosseguia
com o espírito pedindo notícias de Zeus e Plutarco até suas opiniões
sobre a roupa: gravata, calça comprida, o paletó escuro, frente ao qual
ele reage:

– Por Afrodite! – exclamou ele. – És a coisa mais singular
que jamais vi na vida e na morte. Estás todo cor de noite – uma

noite com três estrelas apenas – continuou apontando para os botões do peito. – O mundo deve andar imensamente melancólico, se escolheu para uso uma cor tão morta e tão triste. Nós éramos mais alegres...

A segunda morte de Alcibíades sobreveio quando Álvares se cobriu com um chapéu. O adereço pareceu a Alcibíades uma monstruosidade. O susto foi fatal: ele "cambaleou e caiu". E Álvares escreveu, então, ao delegado pedindo que o cadáver fosse transportado ao necrotério e se procedesse ao exame de corpo de delito. A ironia em torno da segunda morte do espírito era total.

Machado não zombou só dessa vez e continuou a cutucar. No capítulo "Torrente de loucos" do seu famoso O *alienista*, o personagem doutor Simão Bacamarte diz ter construído o hospício de Casa Verde para estudar a loucura e seus diversos casos "por caridade". E citando São Paulo: "Se eu conhecer quanto se pode conhecer e não tiver caridade nada sou". Não era a caridade a base do espiritismo? Sutil galhofa.

Em *Quincas Borba*, ele a repete. Não há menção direta ao espiritismo, mas, antes de enlouquecer, Rubião se lembra de uma ideia de infância: a de metempsicose, na sua versão oriental, na qual homens encarnavam em animais:

> ocorreu-lhe que os dois Quincas Borba podiam ser a mesma criatura, por efeito da entrada da alma do defunto no corpo do cachorro, menos a purgar os seus pecados que a vigiar o dono. Foi a preta de São João d'El Rei que lhe meteu, em criança, essa ideia de transmigração. Dizia ela que a alma cheia de pecados ia para o corpo de um bruto: chegou a jurar que conhecera um escrivão que acabou feito gambá...

E por fim, no conto "Dona Benedita", sobre uma viúva que tinha dúvidas em recasar-se, descreveu uma aparição muito semelhante às que se viam nas fotografias de ectoplasmas:

Uma noite, volvendo dona Benedita este problema à janela da casa de Botafogo, para onde se mudara desde alguns meses, viu um singular espetáculo. Primeiramente, uma claridade opaca, espécie de luz coada por um vidro fosco, vestia o espaço da enseada, fronteiro à janela. Nesse quadro apareceu-lhe uma figura vaga e transparente, trajada de névoas, toucada de reflexos, sem contornos definidos porque morriam todos no ar. A figura veio até o peitoril da janela de dona Benedita e de um gesto sonolento, com uma voz de criança, disse-lhe estas palavras sem sentido:

– Casa... não casarás... se casas... casarás... não casarás... e casas... casando...

Dona Benedita ficou aterrada, sem poder mexer-se; mas ainda teve a força de perguntar à figura quem era. A figura achou um princípio de riso, mas perdeu-o logo; depois respondeu que era a fada que presidira ao nascimento de dona Benedita.

Segundo um estudioso, a violência de Machado em relação ao espiritismo crescia na medida direta do sincretismo da doutrina de Kardec com práticas mágicas de origem negra. O consumo de chás, poções à base de ervas e produtos de origem animal nos rituais comprometia a saúde mental da população e, no seu entender, só podia terminar com uma solução: a força: "Eu, legislador, mandaria fechar todas as igrejas dessa religião, pegava dos correligionários e fazia-os purgar espiritualmente de todas as suas doutrinas; depois dava-lhes uma aposentadoria razoável".

Fadas, espíritos, demônios, o sobrenatural seria verdade ou não? A questão é que, nos anos em que Machado publicava seus contos, os espíritas tinham se fortalecido. E se antes demonstravam consideração pela Igreja Católica, agora respondiam com rispidez aos ataques de padres, jornalistas e intelectuais. Pela voz do espírita Joaquim Rebelo Maia, em sua carta *Roma e o espiritismo*, os adversários tiveram que engolir: "A senda do absurdo encorajou finalmente a Igreja a proclamar o dogma da infalibilidade papal, sempre cuidadosamente desmentido por tantos papas".

A história lhe daria razão.

Espíritos no consultório médico

Apesar das tensões dentro do movimento, crescia a adesão à doutrina, e o espiritismo acabou como réu nos bancos da Academia Imperial de Medicina. A primeira batalha foi contra a homeopatia do médico francês Benoît Mure, que, como vimos, encontrava enorme receptividade nas classes populares.

As acusações se sucediam: o exercício da homeopatia era condenável, pois era tido pelos médicos como ilegal. Era uma terapia nula ou seus remédios até envenenavam. Os homeopatas eram estrangeiros de hábitos duvidosos e, como se não bastasse, perigosos por conta de suas ideias socialistas, ameaçadoras da Igreja e da sociedade.

Outra batalha, como já foi visto, foi contra o curandeirismo.

Mas a guerra mesmo foi contra o espiritismo. Pois a "mediunidade receitista" ajudou em muito a divulgação da doutrina, além de atrair simpatizantes. Em 1884, declarava *O Reformador*:

> Ninguém já ignora que existem indivíduos que, sem nunca ter aberto um livro de medicina, espantam-nos com a precisão e o acerto com que descrevem os sofrimentos daqueles que lhes são apresentados e, muitas vezes mesmo, sem que se dê tal apresentação, somente à vista do nome e idade do enfermo; indicando juntamente com os meios de cura que, seguidos, têm sempre produzido benéficos resultados, mesmo nos casos mais desesperados.

Isso era demais! Afinal, médicos se consideravam o símbolo da ciência contra o charlatanismo. Mas também da religião contra a superstição. Do adiantado contra o primitivo, da postura desinteressada contra a interesseira, da observação contra o irracional. Enfim, do saber oficial contra um saber privado e doméstico. O espiritismo não podia ser uma boa medicina porque era baseada em uma doutrina contrária à boa lógica e à boa religião. A reencarnação, a negação do pecado original, a negação do princípio da espécie humana em Adão, tudo isso colaborava para seu descrédito entre os médicos reunidos na Academia. E o que dizer do médium? Um charlatão.

Explica um antropólogo que, nas últimas décadas do século, o espiritismo entrava na pauta dos doutores a partir de dois temas: a hipnose e a sugestão. Desde 1888, muitas teses versando o assunto passaram a fazer parte dos congressos de medicina. Em 1896, *Tratado de hipnotismo*, obra de Francisco Fajardo, descrevia em detalhes os chamados processos de "sugestão" que poderiam ser usados em vários tipos de enfermidades.

Fajardo dedicou atenção aos fenômenos do espiritismo, como telepatia, clarividência e especialmente mediunidade, que considerava resultantes do "automatismo cerebral": "A quase totalidade dos fenômenos espíritas se tornam explicáveis pela doutrina das variações e alterações de consciência". E tais fenômenos não seriam fraudes, mas o resultado de forças com propriedades terapêuticas. Exatamente por serem eficientes, tais propriedades podiam ser perigosas se caíssem em mãos erradas. Por isso mereciam acompanhamento e estudos.

Raimundo Nina Rodrigues, famoso médico baiano, com base na observação dos candomblés, discutiu em seu *O animismo fetichista* os feitiços, entre os quais incluía as práticas de cura africanas. Estas seriam condenadas, pois era preciso proteger a saúde das populações: todo e qualquer saber médico estaria acima de concepções mágicas. E, se o doente acabasse curado, era por processos totalmente ignorados pelo feiticeiro. Daí a importância de defender o exercício da medicina exclusivamente por diplomados. Mas perseguição às "práticas primitivas"? De nada adiantaria, ele argumentava. Pois estavam profundamente enraizadas no "sentimento religioso" e no cotidiano das pessoas. Não seria a polícia que conseguiria extraí-las de lá. Mais. Nina Rodrigues acreditava que o "sonambulismo provocado" durante a possessão do santo levava à histeria ou a um "erro patológico" na psicologia dos indivíduos, aproximando práticas kardecistas dos problemas decorrentes da "alienação mental".

Nas primeiras décadas do século XX, o pensamento médico contra o espiritismo radicalizou-se. Antes tratado de passagem aqui ou ali, o tema se tornou objeto de artigos, teses e livros inteiros. Em 1927, a Sociedade de Medicina e Cirurgia do Rio de Janeiro promoveu um "inquérito" sobre o tema com a opinião de onze médicos, a maioria ligada à especialidade da medicina legal ou da psiquiatria. Segundo eles, o espiritismo não somente comprometia a saúde das pessoas como se associava a anomalias psíquicas. Ele era um "fator de doença mental", passando a fazer parte do senso comum de médicos e psiquiatras.

A essa altura, tanto a psiquiatria quanto a medicina legal já estavam bastante consolidadas. O Hospital Nacional recebia "alienados mentais", ambas as disciplinas eram discutidas em cursos na Faculdade de Medicina e várias associações cuidavam do assunto, como a Liga Brasileira de Higiene Mental e a Sociedade Brasileira de Psiquiatria, entre outras. Os doutores Henrique Roxo e Xavier de Oliveira, psiquiatras ligados ao Hospital Nacional de Alienados, apresentavam estatísticas que colocavam o "espiritismo" como o terceiro fator entre as causas de alienação mental, logo atrás da sífilis e do alcoolismo.

Mas foi um livro de Leonídio Ribeiro e Murilo Campos, *Espiritismo no Brasil*, que transformou as concepções médicas sobre a doutrina. Apresentado como um estudo "clínico e médico-legal" para explicar um conjunto de fenômenos, o livro se debruça sobre três questões: a explicação dos fenômenos ditos espíritas, o espiritismo como fator de alienação mental e os danos que acarretaria à saúde da população. Ao ampliar a discussão sobre mediunidade, clarividência, telepatia ou levitação, lendo-os à luz da psicanálise, os autores concluíam que fatores como sugestão, dissociação psíquica e mediunidade podiam ser buscados na dinâmica psíquica dos indivíduos. As diversas modalidades de espiritismo não passavam de magia, modalidades da "velha feitiçaria" ou um "apelo ao sobrenatural".

Quanto à segunda questão, os doutores examinaram as condições nas quais se realizavam as sessões espíritas. Ali, encontravam-se muitos "indivíduos cujo equilíbrio mental não se acomodava a tal ambiente de mistério [...] predispostos mentalmente às afecções mentais". Segundo os doutores, eram "psicóticos" que passavam a incorporar

> motivos espíritas em seu quadro de sintomas; eram "débeis psíquicos" que procuravam as sessões espíritas para fugir aos problemas do cotidiano. Ou "esquizoides" para quem o espiritismo era um pretexto para fugir ao convívio social. E, finalmente, eram histéricas que espontaneamente se revelavam médiuns, e se prestavam a exibições análogas às sonambúlicas.

Tudo isso resultava numa "mediunopatia" ou "mediunomania", manifestações de caráter alucinatório ou uma "loucura de colorido espírita". Segundo eles, o indivíduo com doença mental encontrava nas sessões espíritas um palco para desenvolvê-la. O espiritismo era o fator "desencadeador da alienação mental"! Aquilo que começava como uma sugestão descambava para alucinação. E quem encarnava o modelo? O "médium", alguém dominado por "delírios e alucinações". Já a assistência era constituída por "ignorantes, analfabetos, pessoas de inteligência inferior", sujeitas às influências psíquicas e empreendidas pelo diretor do centro espírita, um charlatão e explorador. Nesse ambiente, se passava da loucura à possessão:

> Os indivíduos ficam abalados com os movimentos da mesa [...] a emoção levando às conclusões mais levianas, às interpretações mais apressadas [...] lembranças afloram como no sonho [...] e como nesses indivíduos a capacidade crítica está diminuída por motivo da emoção, o sonho toma as proporções de um delírio alucinatório, no qual a personalidade, o eu se encontra em desagregação. Os exercícios de mediunidade acabam por torná-los loucos que creem pensar, falar, gesticular, escrever, andar contra

a própria vontade e em obediência à vontade do "espírito" que passou a residir neles.

Outra pergunta que não queria calar: haveria relação entre práticas espíritas e criminalidade? Do ponto de vista dos médicos, certamente. Pois não faltavam casos em que, inspirados por "espíritos", indivíduos cometiam crimes até hediondos. Resultado: nove entre onze doutores acreditavam que, sim, o espiritismo fabricava loucos. Como responder a esse mal? Criando uma campanha de higiene mental endossada por vários médicos, para impedir reclamos e anúncios de centros espíritas nos jornais, e fazendo uma rigorosa mobilização das autoridades policiais e sanitárias tendo em vista todos os lugares de culto, com o fechamento dos "mais perigosos", com a prisão dos responsáveis e o encaminhamento dos "médiuns" aos psiquiatras.

Ao associar o espiritismo a um "fator de alienação mental" e a uma "indústria organizada para explorar a credulidade pública", os médicos e psiquiatras conseguiam enquadrá-lo como doença e também como crime. Nos anos 1920 e 1930, o espiritismo preocupava as autoridades policiais e sanitárias, e não havia como separar os diagnósticos médicos dos esforços de combate à doutrina e suas práticas.

O discurso sobre a necessidade de "higiene pública", tão na moda no início do século XX, não se reduziu às mudanças urbanas com a finalidade de combater epidemias. Nem ao esforço de isolar os pobres em bairros longe dos ricos. O chamado "embelezamento da cidade", com a proibição da mendicidade, das serenatas ou da ordenha de vacas pelas ruas, também fazia parte de plano. Plano no qual as questões de higiene pública se somaram àquelas de higiene mental.

Daí várias intervenções inspiradas na psiquiatria da Alemanha pré-nazista, como a realização de exames pré-nupciais para evitar o casamento entre "degenerados" e a perseguição aos hábitos considerados involuídos, atrasados ou primitivos das sessões espíritas por médicos e psiquiatras, que representavam o saber evoluído e "civilizado".

Uma voz isolada se levantou contra essa onda repressiva. No início dos anos 1920, Brasílio Marcondes Machado apresentou uma tese à Faculdade de Medicina na qual defendia a possibilidade de diálogo entre ciência médica e espiritismo. Este último deveria ser estudado não em oposição, mas buscando seus fundamentos na medicina. Mais além, a tese propunha à psiquiatria que reconhecesse a sobrevivência da alma e a possibilidade do contato com os espíritos, pois certos casos de demência poderiam ser creditados a espíritos obcecados por um doente. O remédio seria a desobsessão, como proposto por Adolpho Bezerra de Menezes, nessa época já conhecido como o "Kardec brasileiro" – ou seja, o tratamento de pessoas que sofressem da interferência de espíritos maus com passes. Graças à desobsessão, ambos, vítima e obsessor, ficariam curados. Segundo Machado, em se tratando de uma doutrina baseada na experimentação, nada mais eficiente, moderno e racional. Logicamente, a tese foi reprovada!

O saber médico condenou o espiritismo de alto a baixo, diferentemente do saber jurídico, que criminalizava o chamado "baixo espiritismo" e tolerava o "alto espiritismo".

A "CASA DE PRETOS"

Era assim que Luís Edmundo, o cronista do velho Rio de Janeiro, chamava o terreiro existente na travessa do Castelo, onde, segundo ele, se praticava a liturgia jeje-nagô, "cheia de complicações e de mistérios, onde se evocavam almas do outro mundo e eram manipulados despachos, feitiços que, quando postos nas encruzilhadas dos caminhos, tinham a propriedade de curar malefícios, modificar vontades e corrigir o destino dos homens". Segundo ele, "o nome que se dava a esses locais era canjerês, candomblés ou macumbas".

Desde a década de 1830, várias posturas municipais proibiam ajuntamentos de negros com ocorrência de danças e batuques, em casas ou chácaras particulares. Considerava-se que tais

143

"ajuntamentos" não eram inocentes, pois várias revoltas de escravos tinham nascido assim. Seus "feiticeiros" costumavam ser os cabeças de motins. Na segunda metade do século XIX, o motivo para persegui-los era a vadiagem e o charlatanismo. Pouco, porém, adiantou a hostilidade das autoridades ou a negligência dos que achavam que tudo não passava de brincadeiras para tirar africanos da tristeza em que viviam. Com o crescimento das cidades e o aumento da população de livres e ex-escravos, multiplicaram-se as "casas de pretos", com grande presença de lideranças religiosas negras, comandando tanto a elite quanto o povo.

Luís Edmundo se limitou a reproduzir os preconceitos que, no final do século XIX, historiadores e cronistas tinham sobre o assunto. Mas identificou uma primeira distinção, feita, segundo ele, pelos espíritas, entre "baixo espiritismo ou espiritismo de terreiro" e o kardecismo, branco e de classe média. Segundo ele, o *panaché* religioso misturava o fetichismo africano aqui introduzido na época da Colônia "com muito dos processos kardecistas de confabular com o astral além de bailados em que os nossos avós índios invocavam os fantasmas de seus ancestrais".

E ele assim contou:

Em casa de João Gambá de Luanda, na travessa do Castelo, a macumba estadeia. Os ídolos que se evocam chamam-se Ogum, Xangô, Oxalá, São Jorge, São Cosme, São Damião e Santo Onofre. Como nas igrejas católicas, a entrada é franca, mas logo à porta há uma caixa de esmolas que se não reclama óbolos para a cera do santo, pede para o espermacete da iluminação do templo, que se resume em dois ou três aposentos dando para uma área suja onde, em balaios de vime, arrulham pombos, cacarejam galinhas [...] Quando penetramos a sala principal já a encontramos a transbordar de gente, moços e moças, velhos e velhas sentados, uns sobre bancos de pau, outros em pé ou pelo chão, de cócoras e até deitados. Lembrando o altar da liturgia católica, junto à parede uma tosca mesa de pinho, mostrando dois alguidares de barro vidrado com os animais do sacrifício postos num molho feito de farinha e azeite de dendê. Ligando-os uma espada longa e nua.

O cronista descreveu as peanhas com santos, copinhos cheios de água, velas e quadros emoldurados. João Gambá, septuagenário magro e de carapinha grisalha, era amigo de outro poderoso "feiticeiro", o Apotijá, da rua do Hospício. Ao som de cânticos, vários instrumentistas preparavam suas cuícas, agogôs, berimbaus e atabaques. Eis que na sala irrompia "a jovem mestiça", cuja dança sobrenatural, além dos peitos, ancas e olhos, impressionou o memorialista.

Regado a preconceito, o texto do memorialista refere-se a "bodes pretos que agem como homens no cio", "bailados bestiais onde todos dançam nus", "vertigem de lúbricos anseios" e a "ventanias de luxúria". É provável que, numa época de intensa repressão sexual, Luís Edmundo fantasiasse muito sobre o que conhecia pouco ou nada.

E imaginação não lhe faltava para concluir que

na macumba só se manifestam espíritos grosseiros que ainda se prendem aos instintos terrenos da vida e ainda não se libertaram da crosta vil do atrasado planeta Terra: almas rastejadoras, indomáveis, violentas. Todo um mundo de sofredores, ralé curtida pela dor, à espera da grande luz de Deus, que tarda a vir mais um dia chegará.

Apesar da localização central do terreiro de João Gambá, a polícia fechava os olhos para as cerimônias. "Xangô era respeitador do Código Civil promulgado pela República", dizia João do Rio. Código que punia o uso comercial das superstições e a exploração da credulidade pública. Mas, no terreiro de João Gambá, não se matavam bodes! Uma boa razão para deixar tudo acontecer na santa paz do Senhor ou de Xangô...

O aspecto mágico da religiosidade africana foi combatido desde sempre. Sacrifícios de animais, o contato com deuses e orixás, as previsões do futuro, a cura das doenças e o papel do sacerdote eram vistos como práticas diabólicas, sobretudo pela Igreja Católica. Anteriormente, muitos foram perseguidos pela Inquisição, que confundia batuques e danças frenéticas com invocações ao Demônio. Mas a mistura com o catolicismo veio obrigatoriamente. A criação de irmandades de negros, pardos, livres e forros, bem como a participação em festas do calendário eclesiástico, promoveu uma interação. Viajantes estrangeiros registraram em muitas ocasiões o que consideravam "divertimentos extravagantes", ou seja, folguedos e batuques africanos que participavam das comemorações cristãs.

A partir do século XIX, a organização dos terreiros com forte presença iorubá foi crescente. E deles João do Rio foi observador ao percorrer as ruas de São Diogo, Barão de São Félix, Hospício e Núncio, onde viviam poderosos pais de santo. Muitos chefes religiosos mandavam seus filhos à África, para estudar a religião. Animistas, adoradores de folhas e pedras, eles possuíam um arsenal de divindades que, segundo o cronista, se "confundiam" com santos católicos. Ele listou os cargos religiosos: os babalaôs (sacerdotes), os açobás, que preparavam as cabaças para os ritos, os aborés, mais velhos sacerdotes do candomblé, as mães-pequenas, encarregadas de fiscalizar a iniciação das iaôs ou filhas de santo, os benfeitores ogãs. Listou também o nome dos babalaôs: Oluou, Eruosaim, Alamijô, Emídio, Edé-oié, muitos deles protegidos de políticos e membros da maçonaria.

Segundo ele explicava, os alufás, chefes religiosos muçulmanos, estudavam a religião e, logo depois da circuncisão, mergulhavam na leitura do Alcorão. Sua obrigação era a prece: "rezam ao tomar banho, lavando a ponta dos dedos, os pés e o nariz, rezam de manhã, rezam ao pôr do sol". Sentados sobre peles de carneiro ou tigre, não comiam porco, rezavam o rosário ou tessubá e escreviam suas orações em tábuas com tinta feita de arroz queimado.

Seus nomes: Alicali, Xico Mina, Alufapão, Mané e muitos outros. Alguns eram tão poderosos que faziam chover. "Salamaleco" era a saudação, corruptela de *Al selam aleikum*. João do Rio conheceu João Alabá, segundo ele um "negro rico e sabichão", em suas peregrinações no "mundo dos feitiços", quando tudo anotou sobre a iniciação das iaôs, sobre a festa de egungum, sobre o nome dos orixás e dos 36 pais de santo que conheceu num só dia.

Quanto aos feitiços, havia de todos os matizes: lúgubres, poéticos, risonhos ou sinistros. O feiticeiro jogava com o amor, a vida, a morte, o dinheiro. Para matar um cavalheiro, ainda segundo João do Rio, bastava torrar-lhe o nome, dá-lo com algum milho aos pombos e soltá-los na encruzilhada. Os pombos carregavam a morte. Para ulcerar as pernas de um inimigo, um punhado de terra era suficiente. Tudo era resolvido depois de uma conversa entre o babalorixá e os ifás, uma coleção de doze pedras. Quando estas se negavam a responder, matava-se um bode, colocavam-se as ditas pedras em sua boca com folhas de jaborandi. Para separar casais, enrolava-se o nome da pessoa, escrito num papel, com pimenta-da-costa, malagueta e linha preta. Deitava-se isso no sangue do casal e estava pronta a desunião.

Por suas mandingas, feiticeiros eram temidos desde sempre. Nos anos 20 do século XIX, em viagem pelo Brasil, o bávaro Johann Moritz Rugendas observou que a mandinga podia "fazer morrer de morte lenta". E que nela acreditavam "todas as classes do povo". Observava ainda o sincretismo da poderosa mandinga ou "talismã", que, apesar do nome africano, tinha grande analogia com ideias muito espalhadas na Europa, desde as épocas mais remotas. "Entretanto", sublinhou, "os mandingueiros são quase sempre negros."

Mas a grande preocupação dos africanos e de seus descendentes era garantir um ritual fúnebre para si e seus familiares. O medo de "sobrar" como assombração era combatido com as "missas para as almas". Muitos voltavam para arrastar suas correntes em sobrados e senzalas decadentes. O cuidado com os mortos e em lhes render cultos assegurava que não voltassem para perturbar as crianças com doenças ou pesadelos. As várias confrarias do rosário dos homens pretos permitiam a união entre a religiosidade africana e a religião dos colonizadores.

Um renomado historiador baiano demonstrou que "papais", nome que se dava ao "principal da ordem de sortilégios e feitiços", atuavam não só como lideranças religiosas, mas também como chefes de juntas que buscavam alforriar seus semelhantes. As práticas rituais serviram, a pretos africanos e nacionais, para combater as violências de seus senhores e de seu cotidiano. A religião foi, sim, um instrumento de resistência escrava. Até mesmo porque não faltou clientela branca nos grandes terreiros de candomblé, macumba e umbanda, onde a relação de submissão do preto passava a ser de dominação; de escravo passava a senhor. Ele mandava, conjurava espíritos e resolvia a vida dos outros. Apenas o "pai de santo" se conectava com o mundo invisível, habitado por entidades espirituais responsáveis pela vida. Seus rituais viabilizavam essa interação. Ali, os brancos obedeciam e se curvavam.

O poder dos negros era capaz de curar o quebranto e tratar do mau-olhado que se abatesse sobre ioiôs e iaiás. Ao circular entre a medicina africana e a ocidental, entre a escravidão e a liberdade, muitas "casas de pretos", como também as chamou João do Rio, se tornaram lugares de poder e de contradição do sistema escravista no Império.

Juca Rosa: o poderoso senhor dos terreiros e dos corações

Houve pais e mães de santo tão renomados que sua popularidade ultrapassou a fronteira das províncias. Foi o caso de Juca Rosa, que passou alguns meses na Bahia se instruindo nos mistérios da religião africana. Ao voltar à capital, fundou um terreiro bem-sucedido em bairro conhecido como Pequena África, onde os negros descidos das províncias do Norte e Nordeste se concentravam.

O fato de haver mais homens nas lideranças religiosas não significava que eles tivessem mais oportunidade do que as mulheres para se estabelecer como adivinhos e curandeiros. Mostrava apenas que havia sido quebrado o costume africano segundo o qual a adivinhação – ou a chamada arte do *Fá* – era prerrogativa de babalaôs.

Mas vamos conhecer João Sebastião da Rosa, ou Juca Rosa, "senhor de forças sobrenaturais" e uma das maiores lideranças religiosas na década de 1870. Ex-praça do Exército, descreviam-no como um "crioulo entre 36 e 40 anos", "de olhos vivos e penetrantes", alfaiate de profissão, sempre elegante no trajar, alfabetizado, cuja mãe africana lhe legou "um arcano de dar fortuna". Aborreceu-se no trabalho e abraçou a "nefanda procissão" de feiticeiro.

Mas foi deflagrado um processo contra ele, depois de uma denúncia anônima enviada à Justiça e publicada no jornal *Diário de Notícias*, que aí viu a possibilidade de monopolizar o tema e multiplicar vendas. Seguiram-se notícias sobre sua prisão, sempre sob o título de "Importante diligência policial". A seguir, em letras maiúsculas, vinha a lista de "crimes" por ele cometidos: "sortilégios, evocações, estelionatos, roubos, defloramentos, remédios para que adúlteras encobrissem suas faltas, mortes, propinações de veneno, abusos de confiança, ataques à religião, seitas proibidas, reuniões secretas, feitiçaria". E, durante meses, a venda de jornais incentivou uma sucessão de artigos escandalizados.

Segundo o mesmo jornal, quem o acusava era um jovem de 24 anos que conhecera Juca, líder de uma "irmandade conhecida até na Europa", quando buscou tratamento para um braço doente, mas não obteve um bom resultado. Adiantou-lhe 30 contos de réis para compra de remédios e participou de uma cerimônia. Ajudou Juca a realizar uma "amarração": cercado de "bugigangas", descalço e sem paletó. Dando saltos, mudando de voz e em meio a cantorias, segundo seu acusador, ele convertia inimizade em afeição, aconselhando também "os meios de se vencer quaisquer dificuldades na vida". Segundo a matéria do jornal, "era nesse momento que todos os assistentes lhe beijavam a mão direita e batiam com a cabeça no chão".

Na rua da Carioca, 36, novo ritual de amarração entre uma jovem portuguesa e um opulento negociante que a frequentava. Ali, Juca estendeu um pedaço de pano, e sobre este, em forma de cruz, outro encarnado e preto, pondo-se sobre tudo um urubu, um anu, pimenta de Angola, farinha, azeite de dendê, milho e acaçá. Feito isso, comparecia a consultante e Rosa fazia-lhe passar um galo pelo corpo em todas as direções, pronunciando algumas palavras ininteligíveis. Após, cortava-se o pescoço da ave e a consultante esquartejava-a enchendo-a dos ingredientes e mandando-a colocar à porta da Igreja de São Francisco de Paula.

A moça não só lhe entregara um anel de brilhantes em pagamento dos serviços, como lhe dera dinheiro, vendera sua mobília para arcar com despesas e, diziam, prestara-se a serviços sexuais.

A irmandade tinha cerca de trinta pessoas e Juca se autoproclamava "Pai Quibombo". Segundo o jornal, ele extraía ferros e agulhas de ferimentos, preparava medicamentos que levavam à sepultura, casava-se com várias mulheres no "gongá", batizava seus filhos segundo rituais pagãos diante de um ídolo, o Manipanço, promovia danças eróticas em frente a imagens santas, e as "filhas que não cumprissem obrigações" pagavam-lhe multas em dinheiro. Elas trabalhavam e participavam das cerimônias descalças e algumas "nuas", escandalizava-se o jornal! A maioria das mulheres era fanaticamente dedicada a Juca. Ele era conhecido por "inspirar paixões, tirar o vigor dos indivíduos, fazê-los adoecer e sucumbir a moléstias". E tudo por dinheiro, rugiam os articulistas.

O "nigromante" recebia numa vila situada à rua do Núncio, depois de um "banho de ervas cheirosas", diante de um altar com imagens, castiçais e salva de prata para receber dinheiro. Nesse ambiente de luz mortiça e sepulcral, tocavam-se as "macumbas". Distribuíam-se bentinhos para usar junto ao pescoço, cantava-se em língua africana e, com "o espírito na cabeça", Juca caía como morto. Era aí que dava consultas como "Pai Quibombo". A região era infestada de cortiços, casas de fortuna (onde atendiam cartomantes e videntes) e prostíbulos. Mas em seu candomblé eram recebidas muitas senhoras elegantes com quem Juca teve ligações mais do que espirituais. Sedutor e carismático, acabava por enfeitiçar as clientes, a quem fazia, segundo algumas, "propostas indecorosas". Era adorado pelas belas e jovens que lhe prestavam serviços sexuais.

As notícias sobre seu julgamento fizeram vender muitos jornais; afinal, consideravam-no "capaz de enganar o próprio Deus" e "salteador da honra, do pudor e da fortuna"! As diversas testemunhas que se apresentaram ao júri relataram uma "coleção de cenas dignas de pena do mais extravagante romancista". O que impressionava era o número de amantes e de acólitas adúlteras capazes de tudo pelo Juca, inclusive dar-lhe dinheiro. E muito.

A curiosidade pública transformou Juca num "herói de horrores", segundo uma dessas folhas. Não faltava quem acusasse: curandeiros como ele infestavam a cidade, e "tudo isso vive à sombra de inqualificável proteção" e nas barbas das autoridades. Era fanatismo. Pois nenhuma queixa para "pôr cobro nos atos de selvageria" jamais chegara aos ouvidos da polícia. Juca era protegido por "políticos e capitalistas".

Nas fórmulas mágicas que vendia, não faltava a presença do catolicismo. Sincretismo, aculturação, mestiçagem? Pouco importava. O respeitável era funcionar como se vê nessa "Receita para os homens se verem obrigados a casar com suas amantes":

Tomem-se 26 folhas de erva-de-santa-luzia e, depois de cozidas em seis decilitros de água, meta-se numa garrafinha branca bem arrolhada, até que tenha no fundo alguns farrapos, e sobre o gargalo dessa garrafa reza-se a seguinte oração: "Ó santa Luzia, que sarais os olhos, livra-nos de escolhos, de noite e de dia; ó santa Luzia, bendita sejais por serdes bendita, no céu descansais".

Aqui tira-se um 7 de um baralho de carta e põe-se-lhe em cima a garrafa, dizendo: "Em nome do Padre, do Filho e do Espírito Santo, te imploro, Senhora, que assim como esta carta está segura, assim eu tenha seguro por toda a vida o (fulano) a quem amo de todo o coração e peço-vos, Senhora, que façais com que me leve à Igreja, nossa mãe em Cristo Senhor Nosso". Rezar, em seguida uma coroa à Nossa Senhora. É preciso manter a carta debaixo da garrafa até o dia do casamento.

O julgamento de Juca Rosa teve início no dia 5 de janeiro de 1871. A sala, lotada de autoridades, gente elegante, "madamas" e seguidores, mais parecia uma festa. Um "hábil advogado", certo dr. Felipe Jansen de Castro Albuquerque, foi escolhido para defender Juca. Segundo o *Diário de Notícias*, os advogados de acusação tiveram que conduzir uma "luta heroica para arrancar a verdade" de testemunhas aterrorizadas pelo olhar que o bruxo lhes lançava. O *Diário* prosseguiu sua campanha enumerando feitiços e mortes promovidos por Juca Rosa e alertando as autoridades para prosseguir seu julgamento com "louvável energia". Que a lei e a ordem não se deixassem embaraçar com "solicitações de potentados ou ameaças insolentes em nome da religião e da moral".

Seis meses depois, ao final do julgamento, 45 edições de 50 mil exemplares de uma brochura sobre o processo do "famigerado Juca Rosa" eram vendidas nas boas casas do ramo, informam os jornais da época. O feiticeiro foi, então, condenado. Não por bruxaria, pois o Código Criminal do Império não considerava tal crime, mas sim por estelionato. Embora fosse mais um personagem no mundo do sobrenatural e das mandingas, Rosa chocou por avançar num território proibido na sociedade escravista: o do sexo. Ele era o negro que possuía sexualmente brancas, mulatas e negras. Despertava paixões e alisava canelas, pernas e braços femininos, ambicionados lugares de desejo masculino, para "curá-los".

Em plena campanha abolicionista, Juca Rosa era o ex-escravo que enfeitiçava iaiás com carícias. Sua magia, mas sobretudo seu poder sexual, não podia ficar sem castigo exemplar. Foi libertado após seis anos de prisão a 26 de julho de 1877. O poder do Pai Quibombo voltaria a atuar?!

O ESPIRITISMO CONTRA A LEI

Com o golpe republicano, em novembro de 1889, os adeptos de Kardec ganharam novos inimigos. Não apenas a Igreja Católica continuaria a persegui-los, mas o novo governo provisório decidira inscrever no Código Penal da jovem República a condenação das práticas espíritas.

Os positivistas, promotores do movimento que levou à queda do Império, não acreditavam na conversa com os mortos. E menos ainda na pluralidade de vidas do espírito. Ambas as teses fundavam o que eles denominavam de "seita mágica". Sem clemência, ela foi condenada. Ao longo de mais de cinco anos, figuras importantes do movimento espírita, como Bezerra de Menezes ou o senador Pinheiro Guedes, encaminharam ao presidente Deodoro da Fonseca uma enxurrada de cartas solicitando que se retirasse do Código a passagem que penalizava a doutrina.

Essa virulência tinha por fundamento a vontade dos positivistas de se desgarrar da pecha de espíritas. Ambas as doutrinas – positivismo e espiritismo – tinham pontos comuns: foram fundadas por franceses, e o que Comte chamava de Terceiro Estado, no qual a busca de causas transcendentes era abandonada em benefício da observação dos fenômenos, tinha muito a ver com o que Bezerra de Menezes denominou Terceira Revelação: o espiritismo. Augusto Comte dizia também que a humanidade era composta por mais mortos do que vivos e que os últimos eram cada vez mais "governados pelos mortos". Difícil não associar isso à doutrina de Kardec... Mais, quando falava em "Humanidade", Comte estaria se referindo aos "Ancestrais". E ele fundou um novo culto no qual se valorizavam poetas e sábios, enfim, homens ilustres. Comte e Kardec diziam quase a mesma coisa, com palavras diferentes. Além dos pontos de contato na doutrina, a separação prática era difícil, pois havia muitos médicos militares, membros do Clube Militar e oficiais graduados, que praticavam a doutrina de Kardec.

Ao contrário do que insinuavam os positivistas, Kardec, e por extensão Bezerra de Menezes – este também militar –, o espiritismo se apresentava deliberadamente científico por seus métodos: recolher, observar e depois experimentar os "fatos espíritas".

Como resumia Gabriel Delanne, um dos principais escritores espíritas da época, no prefácio de seu livro *Katie King, história de suas aparições*:

> Em toda a parte, as pesquisas estão na ordem do dia, e, hoje em dia, não é mais permitido a um homem inteligente recusar *a priori* tais fatos outrora relegados às superstições populares. Não é mais à meia-noite, em meio ao campo deserto ou num castelo em ruínas que aparecem fantasmas, mas é no laboratório do sábio que eles surgem para submeter-se a todas as condições dos exames mais rigorosos.

Coincidência! Era exatamente o que os positivistas defendiam, na segunda metade do século XIX. A moda era a ditadura da ciência, e dela ninguém escapava. Tudo devia ser e era ciência. O espiritismo, como dizia Flammarion, "devia ser científico ou não seria". Kropótkin militava em favor do "socialismo científico". Os pintores Seurat e Pissarro pintavam o "impressionismo científico!". Ernest Renan, filósofo e historiador, pregava "a felicidade pela ciência". Organizar cientificamente a sociedade era a última palavra da ciência moderna, concluía. Ora, falar com os mortos, argumentavam os espíritas, também era ciência.

Mas havia mais. A ruína do velho edifício religioso não abria apenas as portas para o saber científico. Mais importante era o desenvolvimento moral, social e político ilimitado. E somente a razão poderia incentivar a regeneração da humanidade, mostrando o caminho a seguir para a harmonia de tudo e de todos. Era a fé positivista que, paradoxalmente, teria em Kardec sua ponta de lança.

Se a sociedade da segunda metade do século XIX se queria racional e embalada pelo sonho do progresso em todos os domínios, o sentido do maravilhoso e do sobrenatural continuava, porém, a latejar. No Brasil, mais ainda. O legado das religiões afro e o universo mítico que já envolvia o imaginário dos brasileiros representavam a união entre a modernidade europeia e científica, e a secularização. Os efeitos da ciência moderna estariam em união com a experiência religiosa.

A Primeira República, paradoxalmente, impossibilitou parcela considerável de sua população de ter o direito em professar livremente sua religiosidade sem estar infringindo as leis do Estado. Um dos paradoxos polêmicos do Código Penal de 1890 foi a inserção do espiritismo como um crime contra a saúde pública. Seus praticantes sofreram perseguições, repressão e sanções penais. Mesmo tendo inúmeros representantes da intelectualidade ou da elite política como praticantes, a lei era bem clara nos artigos 156, 157 e 158, inseridos no título "Dos crimes contra a tranquilidade pública" e, mais especificamente, no capítulo "Dos crimes contra a saúde pública":

Art. 156 – Exercer a medicina em qualquer de seus ramos, a arte dentária ou a farmácia; praticar a homeopatia, a dosimetria, o hipnotismo ou magnetismo animal, sem estar habilitado segundo as leis e regulamentos.

Penas – de prisão celular por um a seis meses, e multa de 100$000 a 500$000.

Parágrafo único: Pelos abusos cometidos no exercício ilegal da medicina em geral, os seus atores sofrerão, além das penas estabelecidas, as que forem impostas aos crimes que derem casos.

[...]

Art. 157 – Praticar o espiritismo, a magia e seus sortilégios, usar de talismãs e cartomancias, para despertar sentimentos de ódio ou amor, inculcar cura de moléstias curáveis ou incuráveis, enfim, para fascinar e subjugar a credulidade pública:

Penas – de prisão celular de um a seis meses, e multa de 100$000 a 500$000.

Parágrafo 1º. Se, por influência, ou por consequência de qualquer destes meios, resultar ao paciente privação ou alteração, temporária ou permanente, das faculdades psíquicas.

Penas – de prisão celular por um ano a seis anos, e multa de 200$000 a 500$000.

Parágrafo 2º. Em igual pena, e mais na privação de exercício da profissão por tempo igual ao da condenação, incorrerá o médico que diretamente praticar qualquer dos atos acima referidos, ou assumir a responsabilidades deles.

[...]

Art. 158 – Ministrar ou simplesmente prescrever, como meio curativo, para uso interno ou externo, e sob qualquer forma preparada, substância de qualquer dos reinos da natureza, fazendo ou exercendo, assim, o ofício do denominado curandeirismo.

Penas – de prisão celular por um a seis meses, e multa de 100$000 a 500$000.

Parágrafo único. Se do emprego de qualquer substância resultar à pessoa privação ou alteração, temporária ou permanente, de suas faculdades psíquicas ou funções fisiológicas, deformidades, ou inabilitação do exercício de órgão ou aparelho orgânico, ou, em suma, alguma enfermidade:

Penas – de prisão celular por um a seis anos, e multa de 200$00 a 500$000.

Se resultar morte:

Pena – de prisão celular por seis a vinte e quatro anos.

Por ser considerado um crime contra a "tranquilidade pública", o espiritismo não se inseria num crime contra a pessoa, mas crime de consequências públicas, como o são os estelionatos e afins. Já os espíritas que trabalhavam nos centros espíritas como "médicos receitistas" podiam ser enquadrados triplamente no Código Penal: indivíduos sem habilitação profissional, que se propunham a curar através do "espiritismo", prescrevendo medicações homeopáticas. Essas disposições atingiam diretamente os grupos espíritas existentes.

A FEB reagiu com uma enxurrada de cartas na imprensa. E utilizou a revista *O Reformador* como ponta de lança para insistir na revisão dos artigos que incriminavam o espiritismo, alegando que o autor do Código Penal desconhecia o assunto. Folhetos com a reprodução dos artigos da FEB foram enviados ao chefe do Governo Provisório, a todos os ministros e aos membros do Congresso Constituinte então em curso. Bezerra de Menezes, ex-deputado e também recém-empossado como novo gestor da FEB, redigiu uma representação entregue formalmente ao governo em dezembro de 1890, solicitando a reconsideração dos artigos 157 e 158 no que concernia ao espiritismo.

Os esclarecimentos enviados ao governo ressaltavam que o espiritismo congregava fenômenos muito antigos, ainda que a definição desses fenômenos num corpo doutrinário fosse algo recente. Ressaltaram que a difusão do espiritismo estaria sendo rápida, pois suas ideias eram divulgadas em jornais e revistas em números expressivos. E a criminalização do espiritismo colocaria à margem da lei muitos cidadãos brasileiros que estavam presentes em diversificados segmentos sociais.

Além de apelos de ordem interna, os espíritas chegaram a argumentar mostrando às autoridades governamentais a internacionalização do espiritismo. Divulgaram a realização de congressos espíritas internacionais, como o que havia ocorrido na França em 1889, demonstrando que o espiritismo era tacitamente reconhecido por todas as nações cultas do mundo.

Sinalizavam ainda aos membros do governo que as atitudes tomadas se chocavam com as ideias de "civilização". Não era o espiritismo uma ciência? O espiritismo condenava a superstição, portanto não podia ser equiparado às práticas de magia ou curandeirismo. Condenar o espiritismo seria "marcar limites ao progresso humano". Os protestos, no entanto, foram em vão.

As autoridades policiais passaram a agir a partir de denúncias prestadas por pacientes ou conhecidos do acusado ou de averiguações de inspetores e agentes de segurança. Os policiais aplicavam a lei de acordo com um sistema implícito no próprio texto do Código Penal. As penalidades eram analisadas segundo dois critérios básicos:

a existência de substâncias prescritas ou manejadas pelos acusados e a invocação de "poderes sobrenaturais".

De 1891 a 1900, cerca de trinta pessoas foram processadas com base nos artigos 156, 157 e 158 do Código Penal, sob acusações em sua maioria de curandeirismo, cartomancia e espiritismo. As descrições das acusações foram muito diversificadas: distribuição de líquidos em vidros, receituário de ervas para banhos e beberagens, dar saúde por meio de orações, distribuição de poções de água benta de sete igrejas, aplicações homeopáticas por meio da mediunidade, dentre outras.

Apesar de o espiritismo kardecista ter sofrido acusações de todos os tipos, a vulnerabilidade maior ficou para os frequentadores das "casas de pretos", vistas então como locais de "baixo espiritismo". Bem diz uma historiadora: esses é que seriam os alvos principais do regime republicano, que primava pela ordem, progresso, modernização e higienização da capital federal e dos centros urbanos. Essas práticas demonstravam "atraso" e remetiam à indesejável lembrança de uma escravidão de outrora e às heranças culturais dos descendentes de escravos a serem refutadas. Tal legado não estava nos planos de uma república que defendia uma racionalidade científica e a implementação de projetos de cunho eugênico, pretendendo escamotear um passado recente da história do país.

A Primeira República no Brasil foi muito contraditória e autoritária em várias situações. E, no tocante ao espiritismo, a situação não foi nada diferente. O Governo Provisório tornou lei uma das promessas da República: a garantia da plena liberdade de culto e a total separação entre o Estado e a Igreja. Porém, o próprio Código Penal possibilitou a perseguição, a prisão, as arbitrariedades e, sobretudo, disseminou o medo entre os cidadãos espíritas em professar sua fé.

5.
O ETERNO SOBRENATURAL

A Belle Époque e o sobrenatural

Os anos posteriores à proclamação da República foram marcados por um turbilhão de mudanças. A europeização, antes restrita ao ambiente doméstico, transformava-se agora em objetivo – o melhor seria dizer "em obsessão" – de políticas públicas. Tal qual na maior parte do mundo ocidental, cidades, prisões, escolas e hospitais brasileiros passam por um processo de mudança radical, em nome do controle e da aplicação de métodos científicos, crença que também se relacionava com a certeza de que a humanidade teria entrado em uma nova etapa de desenvolvimento material marcada pelo progresso ilimitado.

Por apresentar uma visão otimista do presente e do futuro, o final do século XIX e início do XX foi caracterizado, seguindo a moda europeia, como uma *Belle Époque*. Havia, contudo, uma face sombria nesse período. O início da República conviveu com crises econômicas marcadas por inflação, desemprego e superprodução de café. Tal situação, aliada à concentração de terras e à ausência de um sistema escolar abrangente, fez com que a maioria dos escravos recém-libertos passasse a viver em estado de quase completo abandono.

A pobreza estava em toda a parte, e as grandes reformas urbanas que tentavam transformar o Rio de Janeiro em Paris não abafavam certo mal-estar de viver. As mudanças políticas não atingiram a sociedade toda. Só as elites se beneficiaram. Mas não foram apenas as frustrações de ordem política que modelaram a vida cotidiana. A modernidade dos bondes, da luz elétrica e do telefone trazia também uma resistência às mudanças. Vivia-se o que um historiador denominou de "a revolta contra a razão". Em revanche, recorria-se ao fantástico e ao imaginário popular, recheado de fadas, demônios e aparições. A literatura escapista transportava para outro mundo, onde o sobrenatural dava as cartas. Nele, nada causava espanto ou surpresa. Tudo era possível!

Diante das mudanças urbanas que enterravam o passado imperial, nascia uma cidade desconhecida e monstruosa. Cidade habitada por pervertidos, histéricos, loucos, com noites carregadas de vícios, medos e mistérios. E onde se cruzavam criaturas medonhas como um *bebê de tarlatana rosa*, personagem de um conto de João do Rio: "uma cabeça estranha, uma cabeça sem nariz, com dois buracos sangrentos que era alucinadamente – uma caveira com carne"! Verdadeiro beijo da morte!

O impacto dessas tensões bateu na literatura. Antes mergulhados na busca de uma identidade nacional, alguns autores se viram mais focados no temor do progresso e da ciência. Sim, os avanços científicos também poderiam produzir aberrações. Livros como *O médico e o monstro*, de Robert Louis Stevenson, *O retrato de Dorian Gray*, de Oscar Wilde, *Drácula*, de Bram Stocker, e *Frankenstein*, de Mary Shelley, abriram caminho para a chamada literatura gótica entre nós.

E seu melhor representante brasileiro foi Coelho Neto. No conto "A conversão", um dos personagens revela sua adesão ao espiritismo, no qual via uma porta entre o mundo real e o sobrenatural: "Combati, com todas as minhas forças, o que sempre considerei a mais ridícula de todas as superstições. Essa doutrina, hoje triunfante em todo o mundo, não teve, entre nós, adversário mais intransigente nem mais cruel do que eu". Porém, sua situação mudou: vira a filha Júlia conversar com a neta morta Esther através do telefone. "Ouvi toda a conversa e compreendi que estamos nos aproximando da Grande Era, que os Tempos se atraem – o finito defronta o infinito, e das fronteiras que os separaram, as almas já se comunicam."

Outro romance no qual o autor explora a vivência do mundo dos espíritos é *O turbilhão*. Nele, duas personagens características do Rio de Janeiro da *Belle Époque*: uma ex-escrava que chega ao espiritismo depois da morte do filho na Revolta da Armada e sua patroa, cuja filha fugira de casa, levada à sessão pela criada. A descrição do centro espírita revela como havia uma continuidade entre a crença nos santos e o respeito pela Igreja Católica e a invocação dos espíritos.

Ainda outro personagem criado pelo autor sob evidente inspiração dos tempos é Celuta, a esposa intoxicada pelo marido, o ciumento Avelar, em *A sombra*. O elemento fantástico é que, ao contrário de morrer rapidamente, inoculada que fora com bacilos da tuberculose, Celuta se tornava mais e mais vigorosa: "o que eu via, e todos apregoavam em louvores, era o reviçamento da vítima, mais robustez, aspecto magnífico, apetite, sono tranquilo, higidez absoluta". Sim, pois a esposa inocente e envenenada se tornara a personificação da morte. E, depois de sucumbir, Celuta voltou para atormentá-lo até que confessasse o crime.

Na mesma época, o professor Arthur Ramos pôde escrever: "O Brasil vive impregnado de magia". E concluía o ilustre antropólogo, a quem tanto devem os estudos da cultura africana: "Nós, brasileiros, ainda vivemos sob o domínio do mundo mágico, impermeável em muito ao influxo de uma verdadeira cultura". Sim, pois a mentalidade mágica e a crença no sobrenatural acompanhavam e envolviam as ideias, as ciências e as letras. Não à toa, essa literatura de sensação enchia as noites dos que acreditavam que, no contexto da fé, o sobrenatural era coisa normal.

Porém, ao lado do mágico e do fantástico, a *Belle Époque* assistiu ao surgimento de grupos com ideias liberais que propunham a transformação radical da sociedade. Eram anticlericais, livres-pensadores, abolicionistas, anarquistas, socialistas, positivistas, espíritas, maçons e protestantes. Cada qual se movendo dentro de espaços circunscritos, mas em busca de uma transformação de toda a sociedade. Eles tinham um objetivo comum: a luta em defesa do Estado laico e da República.

Com o fim do Império, ruía também a hegemonia do catolicismo. Os resultados desastrosos do ensino religioso, o contraste entre a moral ensinada e a vivida pelo clero e a visão da Igreja como uma ameaça à nação e aos indivíduos se impunham. Nas elites, buscava-se uma espiritualidade reflexiva e interiorizada, que militares, profissionais liberais e intelectuais encontravam no kardecismo. Um deles, Everton Quadros, herói condecorado da Guerra do Paraguai e escritor militar, por exemplo, só tomava bondes que não transportassem "espíritos maus". Tinha de tudo!

Alguns se davam as mãos na defesa de uma agenda comum, caso da maçonaria e do espiritismo. Os membros de ambos os grupos acreditavam no trabalho como fonte de progresso humano, na busca da verdade e da harmonia cósmica. Homens como o político Alcindo Guanabara, grande opositor do reacionarismo católico, era ao mesmo tempo maçom, espírita e republicano. O mesmo se pode dizer de Saldanha Marinho e Quintino Bocaiuva. O primeiro, por exemplo, sob o pseudônimo Gaganelli, escreveu vários artigos no *Jornal do Comércio* em que citava o jornal espírita *Reformador*. E o segundo, sem renunciar a seu espírito de livre-pensador, frequentava a Federação Espírita Brasileira para tirar receitas mediúnicas.

O barão de Porto-Alegre, Saldanha da Gama e Quintino Bocaiuva representaram a primeira fase do espiritismo entre nós. Fase que teve como mediadores homens sinceramente empenhados em "curar um mundo doente". De acordo com as teses espíritas então disseminadas, a humanidade entraria numa nova fase de progresso moral. O "progresso", lema dos positivistas, estendido a todos, era a preocupação central. Afinal, o que se queria era a harmonia perdida, dizia Comte. Para isso, era necessária uma nova sociedade, fraterna, igualitária, comunitária e sem discriminação entre os sexos. A possibilidade de os indivíduos se tratarem por si mesmos era outra preocupação da época, bem como o retorno da religião natural e espontânea, na qual os diversos mundos e os homens estivessem integrados.

Depois de proclamada a República, o espiritismo consolidou uma doutrina de caridade e auxílio aos pobres, substituindo a filantropia das elites católicas. Em 1880, no Nordeste, já circulavam folhas como a *Revista Mensal*, de postura profundamente anticlerical, enquanto o militar Manuel Vianna de Carvalho, maçom e espírita, convocava para debates sobre um socialismo harmônico e pacífico. No Sul, em Curitiba, o maçom Dario Vellozo fundou uma "Igreja Pitagórica", com mensagens éticas e discursos cosmológicos pregando uma aliança entre Ocidente e Oriente e misturando teosofia, kardecismo e ocultismo. E, no Rio Grande do Sul, nascia o evidentismo, doutrina instituída por um libanês, Abílio de Nequete, que unia elementos cristãos, kardecistas, bolcheviques e tecnocratas. Muitos militantes do movimento operário gaúcho eram espíritas. Em São Paulo, o anarquista Edgard Leuenroth juntou-se ao maçom Benjamim Mota para fundar a *Folha do Povo*: "tribuna de livre discussão, para uma investigação sincera da verdade [...] eco às aspirações de nosso tempo". Já *O Livre Pensador*, jornal dirigido por Everardo Dias, maçom, anarquista e espiritualista, se concentrava em defender o espiritualismo e doutrinas afins. Com o jornal *A Lanterna*, Mota foi mais fundo e atacava sem dó a Igreja Católica, por sua hipocrisia e exploração da ignorância.

A confissão? Absurda e perigosa. Os jesuítas? Associados à Inquisição, eram sinônimo de atraso máximo. Só a educação salvaria, somada à moralidade pública, ao trabalho e à ética de igualdade. Também na capital paulista, fundavam-se lojas esotéricas e centros espiritualistas que mantinham contato com correspondentes estrangeiros para o estudo do magnetismo, ocultismo, psiquismo e espiritismo. Butiques importavam livros, manuais e objetos mágicos, bem como divulgavam conhecimentos de astrologia e clarividência.

À medida que o século XIX estertorava, as escolas de Direito e Engenharia formavam profissionais que tinham para o país projetos sociais em que não mais cabia a influência da Igreja. Ao defender a separação oficial entre Estado e Igreja, a Constituição de 1891 abriu espaço para ataques a Roma e à propalada "infalibilidade papal".

Deu-se um caldo: tanto o fantástico na literatura quanto as tendências baseadas no kardecismo, no espiritualismo, no socialismo, no anarquismo, na maçonaria, no racionalismo e no positivismo buscavam redefinir o mundo. Procuravam ir em busca do novo. Ao imaginário "católico", rural e monarquista, opunham-se ideias que remetiam ao urbano, à República, ao futuro e ao progresso. Combinação de razão e de paixão, de sonho e realidade, de ciência e crenças, de esperanças e medos, de maravilhas e técnicas, elas, as novas ideias, hidrataram o novo século junto com a *Belle Époque*.

O BALANÇO DO MILAGRE

O ano era 1909. Ainda a *Gazeta de Notícias* e ainda João do Rio, o cronista das crenças. Sua obra *As religiões no Rio* já tinha sido lançada com imenso sucesso e, talvez por isso mesmo, ele prosseguia com suas reportagens. Na mira: "O falso espiritismo". A manchete não deixava dúvidas. Segundo ele, havia o falso e o verdadeiro. Os limites, certamente, não eram tão evidentes quanto queria o autor. Mas, mesmo assim, ambos, "o falso e o verdadeiro", iam de vento em popa.

A Federação Espírita Brasileira havia adquirido um terreno para erguimento de nova sede e continuava com suas atividades: sessões públicas às sextas-feiras, quando se estudava *O livro dos espíritos*; sessões privadas às terças-feiras, dedicadas ao estudo de *Os quatro evangelhos*; e reuniões comemorativas na Sexta-Feira da Paixão, no Natal e nas datas de aniversário e morte de Kardec. Paralelamente, prosseguiam as práticas religiosas: desobsessão, passes, estudo do Evangelho, além de assistência aos necessitados e mediunidade receitista.

Desde 1905, funcionava na FEB um "curso de humanidades", com aulas de português, francês, inglês, aritmética, filosofia e geografia, e se mantinha, para quem precisasse, assistência jurídica, um gabinete dentário e um fundo de beneficência mútua. Em 1910, a FEB contava com 36 grupos filiados, a metade deles em São Paulo. Muitos de seus membros formavam uma elite social, política e intelectual.

O processo de sincretismo que se desenvolvera havia séculos, integrando o catolicismo popular e as religiões negras, agora abocanhava a doutrina europeia na sua vertente mais popular. Daí a presença de centros com nomes de santos como a Sociedade Beneficente Santo Antônio de Lisboa ou a Sociedade União Espírita São Sebastião. Ou da médium Joana Francisca Soares da Costa, que incorporava uma preta velha, a Vovó Joana.

Aquilo que descreveu na *Gazeta* era talvez o que João do Rio considerasse a "crença da populaça" e "a flora estranha do *spiritismo*". Mas os dados confirmam que a doutrina havia ganhado várias frentes e esposava, também, as últimas tendências científicas vindas do exterior. Eis o relato do jornalista:

> Era num salão modesto de São Cristóvão. Estava ali reunida uma esquisita harmonia, a crença no invisível com todas as suas opiniões. Havia o dono da casa, hesitante entre a religião espírita, a indagação científica e o devaneio ocultista; havia uma senhora gorda médium; havia um príncipe russo que pretendia tocar piano sob a influência de Chopin; havia homens que contavam sonhos e curas, prognósticos e maravilhas, casos de imposição de mãos e de influências de medicina filosofal; havia médicos psiquiatras, engenheiros, membros de altas sociedades londrinas de psicologia. Toda essa gente estava aquecida pelo último artigo de Lombroso sobre a velha e cansada Eusápia Palladino. Os jornais tinham falado. Lombroso mais uma vez afirmara ao mundo a influência do invisível.

João do Rio referia-se a Césare Lombroso, psiquiatra e criminologista, mas grande defensor do espiritismo na Itália. Nessa época, a Europa se debruçava sobre fenômenos mecânicos ou psicológicos atribuídos a forças aparentemente inteligentes ou potências desconhecidas da inteligência humana. O nome dessa ciência? A metapsíquica. Seu fundador? O francês Charles Richet, futuro prêmio Nobel de

Medicina. Ela se constituía de três fenômenos fundamentais: a ecto-plasmia, a criptestesia ou lucidez e clarividência e a telequinesia, ou seja, a ação mecânica, que se exerceria sem contato, à distância, em condições determinadas, sobre objetos ou pessoas.

As interpretações de um número crescente de intelectuais sobre a clarividência confirmavam a existência de um sexto sentido, a criptes-tesia, mais desenvolvida em algumas pessoas do que em outras. O pen-samento, assim como a realidade material, se comunicaria por outras vias além das sensoriais comuns. Para isso, supunha-se que as coisas emitiam vibrações que não seriam perceptíveis a nossos sentidos. Tais vibrações seriam, por vezes, captadas por perceptivos, sonâmbulos e médiuns. O pensamento humano era uma realidade que, mais do que outras, poderia sensibilizar os sentidos criptestésicos, o que explicava a relativa frequência de casos de telepatia.

A mencionada Eusápia Palladino, longe de "cansada", era uma das grandes figuras da metapsíquica. Ela produzia fenômenos de le-vitação e movimento de objetos, de aparição de objetos, de toques e ruídos e até mesmo de sons musicais. Num albergue em Nápoles, o próprio Lombroso viu voar uma mesa de oito quilos e objetos pesadíssimos, que ela fazia girar a 30 ou 40 graus. Ao lado de Ri-chet, ambos assistiram surgir uma rosa fresquíssima no colo da mé-dium. Juntos, observaram vasos de quinze quilos transportarem-se de uma mesa a outra. E tudo à luz do dia, com Eusápia cercada de fios elétricos ligados a campainhas para evitar que qualquer pessoa se aproximasse. "Sou capaz de muito mais! Sou capaz de fazer-te ver tua mãe", lançou a vidente ao sábio. E assim o fez. A figura etérea da mãe de Lombroso apareceu e beijou-lhe a testa, dizendo: *"Césare, figlio mio!"*. E tudo reproduzido com fotos na *Gazeta*, inclusive o rosto gordo e severo de Eusápia!

Na França, um dispositivo imenso foi instalado nos institutos de Medicina e Psicologia para avaliar as capacidades extraordinárias dessa mulher. Quarenta e três sessões foram realizadas ao longo de três anos, diante dos mais qualificados membros do mundo científico, inclusive Pierre Curie. Apesar de algumas pequenas fraudes, não se afastou a evidência da ação psíquica sobre os objetos.

Eusápia Palladino materializava espíritos através de ectoplasmas. Partes de espíritos eram emitidas pelo corpo de médiuns, normalmente pela boca. Substâncias brancas, mais ou menos sólidas, foram atestadas por numerosas fotografias. Eusápia, por exemplo, formava uma terceira mão e produzia "fios fluídicos ectoplásmicos". Mas, cético, João do Rio a julgava "cansada"! E prosseguia num diálogo com um amigo, "rico e viajado", que diagnosticava:

Presentemente, meu caro, o espiritismo, rótulo geral de todas as preocupações com o além, é a força vital do pensamento da cidade. Antigamente, fazia-se isso com um pouco de cuidado, escondendo da polícia as reuniões. Hoje, faz-se tudo às claras. Em cada canto de rua encontra-se um centro espírita, em cada beco há um médico espontâneo receitando, em cada travessa uma multidão ávida de milagres roja aos pés de um irmão com qualidades especiais. Não se trata de mais uma seita com mais ou menos partidários; trata-se de uma cidade inteira. Aqui, neste salão, você encontra os religiosos propriamente, os cientistas, os que se divertem, os ocultistas. No fundo, eles se divertem com o que Charles Richet chama cientificamente a metapsíquica. Mas há a multidão, a base dos inúmeros salões como este; há o povo, e o povo na sua enorme ignorância é o gado próprio a toda sorte de explorações e de embuste. Para estudar o espiritismo, o estado mórbido da cidade pelo milagre seria preciso além de um interrogatório a pessoas calmas e entendidas, além de uma demorada visita aos centros de religião, uma peregrinação por quanta tenda de milagres escancara por aí as portas.

Tem você lido os jornais ultimamente? Vêm contando quase todo dia os escândalos do baixo espiritismo, as trapaças, as baboseiras, as explorações, os defloramentos, uma série de casos em que a polícia tem que intervir. Entretanto, apesar disso, os centros continuam cada vez mais concorridos. E por quê? Porque o espírito humano, como lá diz o Elifas, tem a vertigem do mistério, porque nós somos pela herança, pela raça, pelo ambiente em que nos desenvolvemos os forçados do invisível. Os próprios jornais, ao passo que fazem troça dos médiuns falsificadores – e nada mais difícil do que encontrar um médium verdadeiro –, dão notícia das casas mal-assombradas, das predições realizadas e fazem um barulhão a propósito das coisas mais velhas como essa da Eusápia Palladino que o velho Lombroso acha mesmo capaz de uma série de coisas. Tudo isso acontece, aquece, anima, incendeia a alma popular, e se eu gosto de ouvir falar espíritos, o povo não precisa nem que eles falem. Basta-lhe a certeza de que um homem é capaz de curá-los ou de consolá-los a troco de uma pequena soma.

[...] Depois, não é só o milagre do contato com o que não se vê. Há também para aliciar o exército de fiéis masculinos, as mulheres, o grande elemento das crenças mais loucas. Na baixa classe muitos homens não se ralam com isso, querem descansar e vão às sociedades espíritas como quem vai à farmácia, só quando se acham doentes. Mas as mulheres estão lá e sempre lá. O marido briga? O espírito resolverá. O amante espanca-a? O espírito falo-á voltar às boas. Os filhos estão doentes? As almas, com água, arranjam tudo. O espiritismo é o ideal, é a esperança, é a paz, é a saúde, principalmente um centro onde elas se elevam – elas, as mulheres de homens rudes que as tratam como sacos de filhos e criadas sujas – a esferas superiores.

Fictício ou não, o amigo de João do Rio não estava errado. A participação feminina no movimento espírita ajudou a consolidá-lo enquanto valorizava uma presença que não importava no mais da vida social: a da mulher. O país machista e patriarcal se curvou diante das grandes sacerdotisas nos centros ou nos terreiros.

FRONTEIRAS DO ALÉM

Se você acredita em fantasmas, almas do outro mundo ou espíritos, percebeu então que não está traindo seus antepassados. Eles também acreditavam. E seguimos acreditando por uma razão: há infinitas questões sem resposta. Durante o século XIX, a ciência tentou afogar o maravilhoso: sem sucesso. O século XIX foi, também, aquele em que o poder sobrenatural se confrontou com o institucional. A ordem lógica não conseguiu se impor, apesar de todas as conquistas da ciência. E o que se viu foi a reação da Igreja, de políticos, de médicos e de laicos diante do avanço quase inexorável do irracional. Empurrado para a marginalidade ou a clandestinidade, o sobrenatural progrediu.

No universo sobrenatural, "mortos-vivos", espíritos ou fantasmas fazem parte do cenário desde a Antiguidade e a Idade Média. Eles atravessaram os séculos invadindo a literatura romântica, fantástica e gótica. Emergiram de castelos assombrados por fantasmas e vampiros, todos eles atores de uma cultura que acreditava em sua existência. Hoje fazem parte do cinema e dos quadrinhos. E também das pesquisas nas áreas de parapsicologia e metapsicologia. De espiritismo e de sessões de vidência. O esforço recente de técnicas de comunicação tornou possível abolir as fronteiras entre o aqui, o perto, e o longe. Ou o 3D aumentou a confusão entre o visível e o invisível, o real e o imaginário. A palavra *mídia* tem a mesma raiz de *médium*. Portanto, o fenômeno não é marginal, e o aparente irracionalismo de práticas e teses parece apenas recobrir o interesse que sempre existiu sobre o outro lado.

O século XIX, que permitiu a volta do sobrenatural, também consolidou a ideia de progresso. Inspirou a bandeira brasileira: "Ordem e Progresso"! Segundo especialistas, todos os que, no século XIX, foram porta-vozes dos valores de progresso e evolução fizeram referência aos mortos, ao invisível e ao oculto. Todos tomaram distância em relação ao catolicismo, que não permitia que se ouvisse o barulho, o ruído ou a conversa vinda do outro lado. Todos consideravam uma brincadeira a ideia de "ressurreição no final dos tempos". Todos estimavam que a emancipação da sociedade passava por uma relação direta com o além.

Ao lado da ideia de progresso, portanto, o grande tema do Oitocentos foi a morte e os mortos. Eles nunca estiveram tão presentes. Criaram-se cemitérios – cidades dos mortos com ruas e avenidas, túmulos de ricos e de pobres. Exéquias públicas, acompanhadas por multidões na rua, como as de Victor Hugo ou de dom Pedro II, entravam na moda. Surgiram os especialistas em fabricar túmulos e disseminar novas práticas funerárias. Teve início o combate às epidemias e aos altos índices de mortalidade. A morte entrou com pompa na vida. Ela deixou de ser um de seus aspectos para ser o grande Outro. Ela passou a deusa negra da noite, a Dama Branca, a Rainha Leto. Ela emergiu na pintura alemã e nórdica, no poema dos simbolistas, enfim, era vista como uma esfinge a interrogar.

Sim, pois as descobertas no Egito – no vale dos Reis, em Luxor, e em Karnak – colocavam a morte como parte integrante das culturas desaparecidas. Até mesmo na música, as marchas fúnebres de Chopin ou Saint-Saens remetem à importância do momento de passagem. Acreditava-se que a morte podia dar respostas para a vida. A própria História, então considerada uma ciência, também não queria mais evocar os mortos. E sim ressuscitá-los.

Os grandes sábios, profetas, visionários e intelectuais da época batalhavam em favor da justiça social e da igualdade, buscando uma ruptura com o passado e se voltando deliberadamente para o futuro. E, para construí-lo, nada melhor do que consultar o passado na voz dos que partiram. Apenas dando-lhes as mãos, apoiando-se neles, poder-se-ia construir um futuro melhor. O espiritismo permitia articular uma síntese inédita entre morte, evolução e progresso. A doutrina foi pioneira em falar abertamente da reencarnação. E da reencarnação associada ao progresso. Do progresso pela encarnação ou graças a ela.

O encontro com as religiões do Oriente, graças às inúmeras sociedades científicas de exploração das colônias europeias na Ásia, o estudo comparado das línguas indo-europeias, o tratado de Frederic

Schlegel sobre a língua e a filosofia indianas, a teosofia de madame Blavatsky, o romantismo alemão, enfim, todas essas correntes de pensamento alimentaram uma nova questão: como a morte e o morrer eram tratados em outras culturas?

Entre nós, desde sempre, brancos, negros, mulatos, índios, africanos e brasileiros pertenceram a um universo mental controlado por forças mentais que, segundo acreditava a maioria, podiam ser ativadas por especialistas religiosos. O pensamento mágico ou as soluções milagrosas para problemas do cotidiano não eram privilégio de ninguém. Ainda que estivesse inserido numa crença dominante, todo mundo podia circular de um sistema religioso para outro, sem lucros cessantes nem danos emergentes.

O sobrenatural, a feitiçaria e a adivinhação, tanto europeus quanto indígenas ou africanos, sempre existiram. A visão orgânica do mundo e a crença em poderes intermediários na figura de espíritos, anjos, demônios e forças ancestrais somaram-se a outras formas de espiritualidade esotérica conectadas com os tempos de então. Tempos em que o cientificismo, as utopias sociais e o espiritualismo se cruzavam num ambiente de extrema porosidade. Tais formas de ver o mundo tinham pontos comuns: elas tomavam como ponto de partida a crença num mundo real em oposição ao sobrenatural. E, entre eles, portas, caminhos, aberturas.

Aberturas que se escancararam no século XIX. Pois foi esse o século do nascimento do espiritismo. Espiritismo que, no Brasil, na virada para o século XX, se transformou numa nebulosa, diversificando-se em inúmeros grupos com centenas de nuances. Firmou-se um espiritismo de origem europeia, sóbrio, sem sincretismo com cultos populares. Mas também um espiritismo popular, que incorporou práticas de curandeiros, feiticeiros e sonâmbulas, misturando-se com o tradicional culto centrado nos santos.

A primeira fase do espiritismo teve como mediadores homens sinceramente empenhados em "curar um mundo doente". Segundo eles, a humanidade entraria numa nova fase de progresso moral. Tal como os positivistas, o "progresso", estendido a todos, era a preocupação central.

Hippolyte Léon Denizard Rivail, ou Allan Kardec, anunciou o espiritismo como uma nova Reforma religiosa esclarecida e adaptada à era da eficácia e da ciência. Portanto, a essa nova sociedade. Propôs a solidariedade de todas as instituições que já trabalhavam para a melhoria dos indivíduos, contra os detritos do catolicismo do passado: obscurantista e centralizado. Essa agenda em curso na Europa foi esposada pelos nossos espíritas à mesma época.

Mas não foi a única religião a se disseminar. Entre o início da República e o Estado Novo, um imenso espectro delas, como o candomblé, a jurema, a macumba, o tambor de Mina, o xangô do Nordeste, buscaram legitimar suas práticas exaltando as tradições nagôs. Nascia também a umbanda, cujos líderes fizeram questão de apresentá-la como uma religião brasileira. Resultado do encontro entre brancos, índios e negros, ela promoveu um sincretismo pensado e consciente entre as diversas religiões que cresceram no Brasil em 400 anos.

Se a ideia de "progresso" marcou o século XIX, a de "sagrado", porém, é permanente. Já em meados do século XX, em plena Guerra Fria, apostava-se no fim das religiões. A racionalização da vida social e o "desencantamento do mundo" – como o chamava Max Weber – pareciam acompanhar a expansão das ciências. O marxismo, reinante nas instituições de conhecimento, se encarregava de obscurecer a noção de fé, e alguns de seus porta-vozes caricaturizavam qualquer crença.

Mas se, ao longo do último século, assistimos ao declínio de inúmeras instituições religiosas, vimos também o "religioso" renascer sob novas formas. No início do Terceiro Milênio, a experiência coletiva do sagrado e a imaginação religiosa emprestaram caminhos inéditos. Redes místicas se espalharam pelo mundo. Nas sociedades ditas modernas, as crenças proliferaram e o sentimento religioso se recompôs. Sentimento mais focado nas modalidades de fé do que no conteúdo das mesmas.

Houve, também, um estilhaçamento da esfera religiosa, com cada um acreditando no que quer ou precisa. Existem formas novas, fragmentadas e sem enquadramento de crenças, as mais variadas. Não se trata mais de inquirir se Deus existe ou não, mas de se concentrar sobre os efeitos benéficos de "crer". Formou-se uma espécie de "supermercado" do religioso, no qual os "produtos religiosos", de livros a CDs, de imagens a programas de televisão e filmes, estão ao alcance das mãos e do bolso.

Mas a busca do sagrado, do maravilhoso e do sobrenatural permaneceu. O sobrenatural definido pela teologia como um conjunto de causas e efeitos que não pertencem ao sistema de criação visível. Conjunto que escapou do funcionamento aparentemente regular da natureza e em cuja cena se operam curas e milagres. Sobrenatural que é magia e mistério. E, sobre o qual, já dizia santo Inácio de Loyola: "Para quem acredita, nenhuma palavra é necessária; para quem não acredita, nenhuma palavra é possível".

Bibliografia

ALMEIDA NOGUEIRA, J. L. de. *A Academia de São Paulo*: tradições e reminiscências, estudantes, estudantões, estudantadas. São Paulo: Typographia Vanorden & Company, 1907.

ARIÈS, Philippe. *O homem diante da morte*. Rio de Janeiro: Francisco Alves, 1982. 2 vol.

_____. *História da morte no Ocidente*. Rio de Janeiro: Francisco Alves, 1977.

BASTOS TIGRE, Manoel. *Instantâneos do Rio antigo*. Organização, apresentação e notas de Marcelo Balaban. São Paulo: Fapesp; Campinas: Cecult, Mercado das Letras, 2003.

BOIA, Luciano. *Pour une histoire de l'imaginaire*. Paris: Les Belles Lettres, 1998.

BRASIL. Ministério da Justiça. Arquivo Nacional. *Dom Pedro II e a cultura*. Rio de Janeiro, 1977.

BROWN, Peter. *Le culte des saints*: son essor et sa fonction dans la chrétienté latine (1981). Paris: Cerf, 1984.

CÂMARA CASCUDO, Luís. *Tradição, ciência do povo*. São Paulo: Perspectiva, 1971.

_____. *Superstição no Brasil*. São Paulo: Global, 2001.

CAVALCANTI, Maria Laura Viveiros de Castro. *O mundo invisível*: cosmologia, sistema ritual e noção de pessoa no espiritismo. Rio de Janeiro: Zahar, 1983.

CHAVES, Vânia Pinheiro (coord.). *Flagrantes da literatura brasileira na Belle Époque*. Lisboa: Esfera do Caos, 2013.

COARACY, Vivaldo. *Memórias da Cidade do Rio de Janeiro.* Belo Horizonte: Itatiaia; São Paulo: Edusp, 1988.

CRULS, Gastão. *Aparência do Rio de Janeiro.* 2ª ed. Rio de Janeiro: José Olympio, 1952. Vol. 1.

DANTAS, Regina. "Um museu dentro de casa". *Revista de História da Biblioteca Nacional*, ano 3, nº 33, jun. de 2008.

D'ESCRAGNOLLE TAUNAY, Afonso. *Rio de Janeiro de Antanho (1695-1831).* Rio de Janeiro: Imprensa Nacional, 1925.

DEL PRIORE, Mary. *História do amor no Brasil.* São Paulo: Contexto, 2002.

CASTEL, Pierre-Henri. *Âmes scrupuleuses, viés d'angoisse, tristes obsédés*: obsessions et contrainte intérieure de l'Antiquité à Freud. Paris: Ithaque, 2011.

COULIANO. I. P. *Éros et magie a la Renaissance.* Paris: Flammarion, 1982.

CUCHET, Guillaume. "Le retour des esprits ou la naissance du spiritisme sous le Second Empire". *Revue d'Histoire Moderne et Contemporaine*, 2007/2, nº 54-2.

_____. *Les voix d'outre tombe*: tables tournantes, spiritisme et société au XIXème siècle. Paris: Seuil, 2012.

DELUMEAU, Jean. *Rassurer et proteger*: le sentiment de securité dans l'Occident d'autrefois. Paris: Fayard, 1989.

EDELMAN, Nicole. *Voyantes, guérisseuses et visionnaires en France 1785-1914.* Paris: Albin Michel, 1995.

EDMUNDO, Luís. *O Rio de Janeiro do meu tempo.* Brasília: Edições do Senado Federal, 2003.

FREIRE, Vanda Bellar. "As mágicas e a circularidade de gêneros musicais no século XIX". In: Antonio Herculano Lopes et al. (org.) *Música e história no longo século XIX.* Rio de Janeiro: Fundação Casa de Rui Barbosa, 2011.

_____. *O mundo maravilhoso das mágicas.* Rio de Janeiro: Contracapa/Faperj, 2011.

FREYRE, Gilberto. *Sobrados e mocambos.* 9ª ed. Rio de Janeiro: Record, 1986.

_____. *Ordem e progresso.* 6ª ed. São Paulo: Global, 2004.

_____. *Assombrações do Recife Velho.* Rio de Janeiro: Topbooks, 2000.

GALLO, Ivone e Meira; Adailton Salvatore. *A introdução da homeopatia no Brasil.* Disponível em: <http://homeoint.org/articles/meira/historia.htm>. Acesso em: 23 fev. 2014.

Gomes, Adriana. "A liberdade religiosa na 'Desordem e Retrocesso': o Código Penal republicano de 1890 e a perseguição ao espiritismo no Rio de Janeiro (1890-1900)". Disponível em: <http://www.cih.uem.br/anais/2011/trabalhos/13.pdf>. Acesso em: 23 fev. 2014.

Giumbelli, Emerson. "Heresia, doença, crime ou religião: o espiritismo no discurso de médicos e cientistas sociais". *Revista de Antropologia*, vol. 40, nº 2. São Paulo, 1997.

_____. *O cuidado dos mortos*: uma história da condenação e legitimação do espiritismo. Rio de Janeiro: Ministério da Justiça/Arquivo Nacional, 1997.

Guerreiro, Silas (org.). *O estudo das religiões*: desafios contemporâneos. São Paulo: Paulinas, 2003.

Holten, Brigitte; Sterll, Michael. P. W. *Lund e as grutas com ossos em Lagoa Santa*. Belo Horizonte: Editora UFMG, 2011.

Isaia, Artur Cesar. "O discurso médico-psiquiátrico em defesa do espiritismo na Faculdade de Medicina do Rio de Janeiro nos anos 1920". *Revista Brasileira de História das Religiões*, ano I, nº I, Dossiê Identidades Religiosas e História.

_____. "João do Rio: o *flâneur* e o preconceito. Um olhar sobre o transe mediúnico na capital federal de inícios do século XX". In: Marin, Jerri Roberto (org.). *Religiões, religiosidades e diferenças culturais*. Campo Grande: Universidade Católica D. Bosco, 2005. pp. 100-116.

_____ (org.). *Orixás e espíritos*: o debate interdisciplinar na pesquisa contemporânea. Uberlândia: Edufu, 2006.

_____. "Mensagens do além, imagens do aquém: o espiritismo no discurso da Faculdade de Medicina do Rio de Janeiro nas primeiras décadas do século XX". In: Ramos, Alcides Freire; Patriota, Rosangela; Pesavento, Sandra Jatahy (orgs.). *Imagens na história*. São Paulo: Hucitec, 2008. pp. 448-461.

_____; Aparecido, Manoel (orgs.). *Espiritismo e religiões afro-brasileiras*. São Paulo: Editora Unesp, 2011.

Jesus, Leonardo Ferreira de. "'Superstições perigosas e reprovadas': dom Manuel Joaquim da Silveira e a reação do catolicismo à inserção do espiritismo kardecista no Brasil (1865-1867)". XII Simpósio da ABHR, 31/05-03/06 de 2011, Juiz de Fora, MG, GT 09, Religiões afro-brasileiras e espiritismos.

Kardec, Allan. *O livro dos espíritos* (1857).

_____. *Instrução prática sobre as manifestações espíritas* (1859).

_____. *O que é o espiritismo* (1859).

_____. *Carta sobre o espiritismo* (1860).

_____. *O livro dos médiuns* ou *Guia dos médiuns e evocadores* (1861).

_____. *O espiritismo na sua expressão mais simples* (1862).

_____. *Viagem espírita* (1862).

_____. *Resposta à mensagem de espíritas lioneses por ocasião do Ano-Novo* (1862).

_____. *Resumo da lei dos fenômenos espíritas ou Primeira iniciação* (1864).

_____. *Imitação do Evangelho segundo o espiritismo* (1864).

_____. *O evangelho segundo o espiritismo* (1864).

_____. *Coleção de composições inéditas* (1865).

_____. *O céu e o inferno ou A justiça divina* (1865).

_____. *Coleção de preces espíritas* (1866).

_____. *Estudo acerca da poesia medianímica* (1867).

_____. *A Gênese: os milagres e predições segundo o espiritismo* (1868).

_____. *Obras póstumas*, s/d.

KOGURAMA, Paulo. *Conflitos do imaginário*: a reelaboração das práticas e crenças afro-brasileiras na metrópole do café 1890-1920. São Paulo: Annablume/Fapesp, 2001.

LEBRUN, François. *Médecins, saints et sorciers aux 17ᵉ et 18ᵉ siècles*. Paris: Temps Actuels, 1983.

LECOUTEUX, Claude. *Fantômes et revenants au Moyen Âge*. Paris: Imago, 1986.

_____. *Au-delà du merveilleux*: essai sur les mentalités du Moyen Age. Paris: P. U. Paris-Sorbonne, 1998.

LE GOFF, Jacques. *L'imaginaire médiéval*: essais. Paris: Gallimard, 1985.

_____. *La naissance du purgatoire*. Paris: Gallimard, 1981.

_____ et al. *Histoire et imaginaire*. Paris: Poiesis/Payot, 1986.

LESSA, Carlos. *Rio de todos os Brasis*: uma reflexão em busca de autoestima. Rio de Janeiro: Record, 2002.

LEWGOY, Bernardo. "O sincretismo invisível: um olhar sobre as relações entre catolicismo e espiritismo no Brasil". In: ISAIA, Arthur Cesar (org.). *Orixás e espíritos*: o debate interdisciplinar na pesquisa contemporânea. Uberlândia: Edufu, 2006. pp. 209-224.

MACEDO, Joaquim Manuel de Macedo. *Memórias da rua do Ouvidor*, Rio de Janeiro: Garnier.

MACHADO, Ubiratan. *A vida literária no Brasil durante o romantismo*. Rio de Janeiro: Tinta Negra, 2010.

_____. *Os intelectuais e o espiritismo*. Niterói: Publicações Lachâtre, 1997.

MESLIN, Michel. *Le merveilleux, l'imaginaire et les croyances*. Paris: Bordas, 1984.

MINOIS, Georges. *Histoire de l'avenir*: des prophétes à la perspective. Paris: Fayard, 1996.

MOORE, Laurence. *In Search of White Crowns*. Nova York: Oxford University Press, 1977.

MORÁS, Antônio. *Os entes sobrenaturais na Idade Média*: imaginário, representações e ordenamento social. São Paulo: Annablume, 2001.

MORIN, Edgar. *L'homme et la mort*. Paris: Seuil, 1970.

MOTTA, Antonio. "Estilos mortuários e modos de sociabilidade em cemitérios oitocentistas brasileiros". *Horizontes Antropológicos – Antropologia e Estilos de Vida*, Porto Alegre, ano 16, nº 33, pp. 55-80, jan/jun. 2010.

MOZZANI, Eloïse. *Magie et superstitions de la fin de l'Ancien Régime a la Restauration*. Paris: Robert Laffont, 1988.

MURAY, Philippe. *Le 19ème à travers les âges*. Paris: Denöel, 1984.

NOVAES, Fernando Antonio (coord.) et al. *História da vida privada no Brasil*. São Paulo: Companhia das Letras, 1999, 2000, 2001, 2002. 4 vols.

OLIVEIRA, José Henrique Motta de. *Das macumbas à umbanda*: uma análise histórica da construção de uma religião brasileira. Rio de Janeiro: Conhecimento, 2008.

PADRE LOPES GAMA. *O Carapuceiro*. Org. Evaldo Cabral de Mello. São Paulo: Companhia das Letras, 1996.

PAXTON, Frederick S. *Christianizing Death*: The Creation of a Ritual Process in Early Medieval Europe. Ithaca: Cornell University Press, 1996.

PIRES FERREIRA, Jerusa. *O Livro de São Cipriano*: uma legenda de massas. São Paulo: Perspectiva, 1992.

PRANDI, Reginaldo. *Os mortos e os vivos*: uma introdução ao espiritismo. São Paulo: Três Estrelas, 2012.

PRAZ, Mario. *La chair, la mort et le Diable dans la littérature du XIXᵉ siècle*. Paris: Gallimard, 1998.

RENAULT, Delso. *O Rio Antigo nos anúncios de jornais*. Rio de Janeiro: José Olympio, 1969.

Reis, João José. *Domingos Sodré, um sacerdote africano*: escravidão, liberdade e candomblé na Bahia do século XIX. São Paulo: Companhia das Letras, 2008.

_____. "Sacerdotes, devotos e clientes no candomblé da Bahia Oitocentista". In: Isaia, Arthur Cesar (org.). *Orixás e espíritos*: o debate interdisciplinar na pesquisa contemporânea. Uberlândia: Edufu, 2006. pp. 57-94.

Rio, João do. *A alma encantadora das ruas*. São Paulo: Companhia das Letras, 1997.

_____. *Vida vertiginosa*. São Paulo: Martins Fontes, 2006.

Rios, José Arthur. *Objetos não são coisas*. Rio de Janeiro, 2013.

Sallmann, Jean-Michel. *Chercheurs de trésors et jeteuses de sort*: la quête du surnaturel à Naples au XVIe siècle. Paris: Aubier, 1986.

Sampaio, Gabriela dos Reis. *Nas trincheiras da cura*: as diferentes medicinas no Rio de Janeiro Imperial. Campinas: Editora da Unicamp, Cecult, Ifich, 2001.

_____. *Juca Rosa*: um pai de santo na Corte Imperial. Rio de Janeiro: Arquivo Nacional, 2009.

Schmitt, Jean-Claude. *Les revenants dans la societé médiévale*: le temps de la réflexion. 1982/II, pp. 285-306.

Schwartz, Stuart B. *Cada um na sua lei*: tolerância religiosa e salvação no mundo atlântico ibérico. São Paulo: Companhia das Letras; Bauru: Edusc, 2009.

Sevcenko, Nicolau. *Literatura como missão*: tensões sociais e criação cultural na Primeira República. São Paulo: Brasiliense, 1989.

Silva, Alexander Meirelles da. "O gótico de Coelho Neto: um diálogo entre as literaturas brasileira e anglo-americana". In: Anais do V Congresso da UERJ-São Gonçalo. Disponível em: <http://www.filologia.org.br/cluerj-sg/anais/v/completos%5Ccomunicacoes%5CAlexander%20Meireles%20da%20Silva.pdf>. Acesso em: 23 fev. 2014.

_____. "Um monstro entre nós: a ascensão da literatura gótica no Brasil da Belle Époque". *Revista do SELL*, Universidade Federal do Triângulo Mineiro, 2010. Disponível em: <http://www.uftm.edu.br/revistaeletronica/index.php/sell/article/view/37>. Acesso em: 23 fev. 2014.

_____. *O admirável mundo novo da República Velha*: o nascimento da ficção científica brasileira no começo do século XX. Rio de Janeiro, 2008.

Tese (Doutorado em Ciência da Literatura) – Universidade Federal do Rio de Janeiro.

SILVA, Eliane Moura. *O espiritualismo no século XIX*. Campinas: IFHCH/ Unicamp. Coleção Textos Didáticos nº 27. 1997.

_____. "Entre religião e política: maçons, espíritas, anarquistas e socialistas por meio dos jornais *A Lanterna* e *O Livre Pensador* (1900-1909)". In ISAIA, Arthur Cesar; APARECIDO, Manoel (orgs.). *Espiritismo e religiões afro-brasileiras*. São Paulo: Editora Unesp, 2011. pp. 87-101.

STOLL, Sandra Jacqueline. *Espiritismo à brasileira*. São Paulo: Edusp, 2003.

URBAIN, Jean-Didier. *L'archipel des morts*. Paris: Payot, 1998.

VALLE, Daniel Simões do. *Intelectuais, espíritas e a abolição da escravidão*: os projetos de reforma da imprensa espírita (1867-1888). Niterói, 2010. Dissertação (Mestrado em História) – Universidade Federal Fluminense.

VAUCHEZ, André. *Saints, prophetes et visionnaires*: le pouvoir surnaturel au Moyen Age. Paris: Albin Michel, 1999.

_____ et al. *Faire croire*. Roma: École Française de Rome, Palais Farnese, 1981.

VIOLA, Paulo Roberto. *Bezerra de Menezes, o abolicionista do Império*. Rio de Janeiro: Lorenz, 2008.

_____. *Barão de Santo Ângelo, o espírita da corte*. Rio de Janeiro: Lorenz, 2009.

VOVELLE, Michel. *La mort et l'Occident de 1300 à nos jours*. Paris: Gallimard, 1983.

_____. *Les âmes du Purgatoire ou le travail du deuil*. Paris: Gallimard, 1996.

TATI, Miécio. *O mundo de Machado de Assis*. Rio de Janeiro, 1955. Coleção Cidade do Rio de Janeiro, nº 15.

WANTUIL, Zêus. *As mesas girantes e o espiritismo*. Rio de Janeiro: Federação Espírita Brasileira, 2000.

_____. *Grandes espíritas do Brasil*. Rio de Janeiro; Brasília: Federação Espírita Brasileira, s/d.

WEHRS, Carlos. *O Rio Antigo de Aluísio Azevedo*. Rio de Janeiro: s. n., 1994.

FONTES

DIÁRIO DE NOTÍCIAS
13/08/1870
02/12/1870
16/06/1871

NO ARQUIVO DO MUSEU IMPERIAL
M. 140, doc. 6841
M. 162, doc. 7509
M. 167, doc. 7682
M. 108 – Doc. 5271
M. 119 – Doc. 5911
M. 120 – Doc. 5966
M. 140 – Doc. 6841
I.DIF-1863/1868-Por.c
I.DIF-13.05.1868
Álbum da baronesa de Santo Ângelo, AMI 2, pp. 25, 33, 34, 48, 89, 97, 98.

BIBLIOTECA NACIONAL[1]
A Estrella (O Apóstolo), 29-07-1894, ano I, nº 31, p. 2.
A Regeneração (Santa Catarina), 09-12-1877, ano X, nº 922, p. 4.

---

[1] Todos as fontes dessa lista encontram-se digitalizadas na Hemeroteca Digital <http://memoria.bn.br/hdb/periodo.aspx>

Almanak Laermmert, 1916, 72º ano, 1º volume, pp. 1520, 1741, 1934, 2033, 2055.

Carbonario, 16-06-1882, ano I, nº 97, p. 2.

Carbonario, 24-07-1882, ano I, nº 108, p. 4.

Carbonario, 18-05-1883, ano II, nº 190, p. 4.

Carbonario, 06-03-1885, ano IV, nº 14, p. 4.

Carbonario, 27-08-1886, ano V, nº 67, p. 2.

Carbonario, 28-08-1886, ano V, nº 67, pp. 1-2.

Carbonario, 06-09-1886, ano V, nº 70, p. 2.

Carbonario, 07-09-1886, ano V, nº 71, p. 2.

Carbonario, 10-10-1886, ano V, nº 81, p. 2.

Carbonario, 11-10-1886, ano V, nº 81, p. 2.

Carbonario, 02-03-1888, ano VII, nº 26, p. 2.

Carbonario, 24-06-1889, ano IX, nº 74, p. 2.

Carbonario, 25-06-1889, ano IX, nº 75, pp. 1-2.

Carbonario, 19-08-1889, ano IX, nº 96, p. 2.

Carbonario, 23-08-1889, ano IX, nº 96, p. 2.

Carbonario, 24-08-1889, ano IX, nº 96, p. 2.

Carbonario, 18-09-1889, ano IX, nº 109, pp. 1-2.

Carbonario, 13-12-1889, ano IX, nº 134, p. 1-2.

Carbonario, 24-02-1890, ano X, nº 19, p. 1.

Cidade do Rio, 16-08-1889, ano III, nº 183, p. 2.

Cidade do Rio, 24-07-1895, ano X, nº 165, p. 1.

Correio da Tarde, 18-06-1856, ano II, nº 140, p. 4.

Correio Mercantil, 31-05-1856, ano XIII, nº 150, p. 3.

Correio Mercantil, 14-05-1859, ano XVI, nº 132, p. 3.

Correio Mercantil, 23-06-1860, ano XVII, nº 173, p. 3.

Correio Mercantil, 21-06-1861, ano XVIII, nº 169, p. 4.

Correio Mercantil, 17-07-1865, ano XXII, nº 194, p. 4.

Correio Mercantil, 07-08-1868, ano XXV, nº 217, p. 4.

Diário de Notícias, 21-10-1870, ano I, nº 69, p. 1.

Diário de Notícias, 22-10-1870, ano I, nº 70, p. 1.

Diário de Notícias, 23-11-1870, ano I, nº 96, p. 1.

Diário de Notícias, 24-11-1870, ano I, nº 97, p. 1.

Diário de Notícias, 25-11-1870, ano I, nº 98, p. 1.

Diário de Notícias, 26-11-1870, ano I, nº 99, p. 1.

Diário de Notícias, 28-12-1870, ano I, nº 125, p. 1.

Diário de Notícias, 29-11-1870, ano I, nº 101, p. 1.

Diário de Notícias, 30-11-1870, ano I, nº 102, p. 1.

Diário de Notícias, 01-12-1870, ano I, nº 103, p. 1.

Diário de Notícias, 02-12-1870, ano I, nº 104, p. 1.

Diário de Notícias, 07-12-1870, ano I, nº 107, p. 1.

Diário de Notícias, 08-12-1870, ano I, nº 108, p. 1.

Diário de Notícias, 10-12-1870, ano I, nº 110, p. 1.

Diário de Notícias, 11-12-1870, ano I, nº 111, p. 1.

Diário de Notícias, 14-12-1870, ano I, nº 113, p. 1.

Diário de Notícias, 16-12-1870, ano I, nº 115, p. 1.

Diário de Notícias, 25-12-1870, ano I, nº 123 (segunda folha), p. 4.

Diário de Notícias, 06-01-1871, ano II, nº 133, p. 2.

Diário de Notícias, 31-01-1871, ano II, nº 152, p. 2.

Diário de Notícias, 08-02-1871, ano II, nº 158, p. 3.

Diário de Notícias, 09-02-1871, ano II, nº 159, p. 3.

Diário de Notícias, 15-06-1871, ano II, nº 262, p. 1.

Diário de Notícias, 17-06-1871, ano II, nº 264, p. 1.

Diário de Notícias, 20-06-1871, ano II, nº 266, p. 1.

Diário do Rio de Janeiro, 27-01-1836, nº 20, p. 3.

Diário do Rio de Janeiro, 10-01-1852, ano XXXI, nº 8887, pp. 2-3.

Diário do Rio de Janeiro, 29-07-1852, ano XXXI, nº 9050, p. 4.

Diário do Rio de Janeiro, 28-03-1855, ano XXXIV, nº 86, p. 4.

Diário do Rio de Janeiro, 14-10-1860, ano XL, nº 201, p. 2.

Diário do Rio de Janeiro, 14-11-1860, ano XL, nº 230, p. 3.

Diário do Rio de Janeiro, 20-12-1860, ano XL, nº 236, p. 2.

Diário do Rio de Janeiro, 03-11-1861, ano XLI, nº 500, p. 2.

Diário do Rio de Janeiro, 21-06-1863, ano 43, nº 169, p. 2.

Diário do Rio de Janeiro, 26-01-1867, ano XLVII, nº 23, pp. 2-3.

Diário do Rio de Janeiro, 03-07-1868, ano 51, nº 180, p. 3.

Diário do Rio de Janeiro, 22-01-1869, ano 52, nº 22, p. 4.

Diário do Rio de Janeiro, 26-06-1870, ano 53, nº 174, p. 1.

Diário do Rio de Janeiro, 14-01-1872, ano 55, nº 13, p. 1.

Diário do Rio de Janeiro, 10-07-1872, ano 55, nº 186, p. 1.

Diário do Rio de Janeiro, 08-03-1875, ano 58, nº 66, p. 1.

Diário do Rio de Janeiro, 12-03-1875, ano 58, nº 70, pp. 2-3.

Diário do Rio de Janeiro, 15-03-1875, ano 58, nº 73, p. 1.

Diário do Rio de Janeiro, 28-04-1870, ano 53, nº 116, p. 4.

Diário do Rio de Janeiro, 07-03-1871, ano 54, nº 65, p. 1.

Diário do Rio de Janeiro, 08-06-1871, ano 54, nº 157, p. 2.

Diário do Rio de Janeiro, 28-06-1871, ano 54, nº 175, p. 4.

Diário do Rio de Janeiro, 05-07-1871, ano 54, nº 184, p. 2.

Diário do Rio de Janeiro, 14-10-1871, ano 54, nº 284, p. 3.

Diário do Rio de Janeiro, 09-06-1874, ano 57, nº 158, p. 4.

Diário do Rio de Janeiro, 06-06-1875, ano 58, nº 155, p. 1.

Diário do Rio de Janeiro, 12-10-1875, ano 58, nº 281, p. 2.

Diário do Rio de Janeiro, 03-12-1875, ano 58, nº 332, p. 3.

Diário do Rio de Janeiro, 11-11-1875, ano 58, nº 310, p. 1.

Diário do Rio de Janeiro, 14-11-1875, ano 58, nº 313, p. 1.

Diário do Rio de Janeiro, 17-11-1875, ano 58, nº 317, p. 1.

Diário do Rio de Janeiro, 21-11-1875, ano 58, nº 320, p. 2.

Diário do Rio de Janeiro, 25-11-1875, ano 58, nº 324, pp. 1-2.

Diário do Rio de Janeiro, 28-11-1875, ano 58, nº 327, p. 1.

Diário do Rio de Janeiro, 02-12-1875, ano 58, nº 331, p. 2.

Diário do Rio de Janeiro, 05-12-1875, ano 58, nº 334, p. 2.

Diário do Rio de Janeiro, 09-12-1875, ano 58, nº 338, pp. 1-2.

Diário do Rio de Janeiro, 12-12-1875, ano 58, nº341, pp. 1-2.

Diário do Rio de Janeiro, 19-12-1875, ano 58, nº 348, p. 2.

Diário do Rio de Janeiro, 26-12-1875, ano 58, nº 355, p. 1.

Diário do Rio de Janeiro, 02-01-1876, ano 59, nº 2, p. 2.

Diário do Rio de Janeiro, 09-01-1876, ano 59, nº 8, pp. 1-2.

Diário do Rio de Janeiro, 21-01-1876, ano 59, nº 21, p. 1.

Diário do Rio de Janeiro, 27-01-1876, ano 59, nº 25, p. 1.

Diário do Rio de Janeiro, 30-01-1876, ano 59, nº 28, p. 1.

Diário do Rio de Janeiro, 17-06-1877, ano 60, nº 162, p. 1.

Diário do Rio de Janeiro, 26-07-1877, ano 67, nº 200, p. 1.

Echo d'Além Túmulo, 1869-1870, ano I, nº 1-6.

Fon-Fon, 03-08-1907, ano I, nº 17, pp. 3 e 25.

Fon-Fon, 22-02-1908, ano II, nº 46, p. 67.

Fon-Fon, 06-11-1909, ano III, nº 45, p. 4.

Fon-Fon, 11-03-1911, ano V, nº 10, p. 41.

Fon-Fon, 15-04-1911, ano V, nº 15, p. 57.

Fon-Fon, 22-04-1911, ano V, nº 16, p. 27.

Fon-Fon, 15-06-1912, ano VI, nº 24, p. 4.

Fon-Fon, 11-01-1913, ano VII, nº 2, p. 5.

Fon-Fon, 02-08-1913, ano VII, nº 31, p. 4.

Fon-Fon, 28-03-1914, ano VIII, nº 13, pp. 72-3.

Fon-Fon, 22-05-1915, ano IX, nº 21, p. 52.

Fon-Fon, 04-12-1915, ano IX, nº 49, p. 23.

Gazeta de Notícias, 29-02-1880, ano VI, nº 59, p. 2.

Gazeta de Notícias, 01-03-1880, ano VI, nº 60, p. 2.

Gazeta de Notícias, 02-03-1880, ano VI, nº 61, p. 2.

Gazeta de Notícias, 03-03-1880, ano VI, nº 62, p. 2.

Gazeta de Notícias, 04-03-1880, ano VI, nº 63, p. 2.

Gazeta de Notícias, 05-03-1880, ano VI, nº 64, p. 2.

Gazeta de Notícias, 06-03-1880, ano VI, nº 65, p. 2.

Gazeta de Notícias, 08-03-1880, ano VI, nº 67, p. 2.

Gazeta de Notícias, 09-03-1880, ano VI, nº 68, p. 2.

Gazeta de Notícias, 10-03-1880, ano VI, nº 69, p. 2.

Gazeta de Notícias, 05-08-1886, ano XII, nº 217, p. 2.

Gazeta de Notícias, 26-05-1889, ano XV, nº 146, p. 1.

Gazeta de Notícias, 27-05-1889, ano XV, nº 147, p. 1.

Gazeta de Notícias, 28-05-1889, ano XV, nº 148, p. 1.

Gazeta de Notícias, 29-05-1889, ano XV, nº 149, p. 1.

Gazeta de Notícias, 30-05-1889, ano XV, nº 150, p. 1.

Gazeta de Notícias, 31-05-1889, ano XV, nº 151, pp. 1-2.

Gazeta de Notícias, 01-06-1889, ano XV, nº 152, p. 1.

Gazeta de Notícias, 02-06-1889, ano XV, nº 153, pp. 1-2.

Gazeta de Notícias, 03-06-1889, ano XV, nº 154, pp. 1 e 3.

Gazeta de Notícias, 04-06-1889, ano XV, nº 155, p. 1.

Gazeta de Notícias, 05-06-1889, ano XV, nº 156, pp. 1-2.

Gazeta de Notícias, 06-06-1889, ano XV, nº 157, p. 1.

Gazeta de Notícias, 07-06-1889, ano XV, nº 158, p. 1.

Gazeta de Notícias, 08-06-1889, ano XV, nº 159, pp. 1-2.

Gazeta de Notícias, 09-06-1889, ano XV, nº 160, p. 1.

Gazeta de Notícias, 10-06-1889, ano XV, nº 161, p. 1.

Gazeta de Notícias, 11-06-1889, ano XV, nº 162, p. 1.

Gazeta de Notícias, 12-06-1889, ano XV, nº 163, p. 2.

Gazeta de Notícias, 13-06-1889, ano XV, nº 164, p. 1.

Gazeta de Notícias, 15-06-1889, ano XV, nº 166, p. 1.

Gazeta de Notícias, 16-06-1889, ano XV, nº 170-167, p. 2.

Gazeta de Notícias, 17-06-1889, ano XV, nº 171-168, p. 1.

Gazeta de Notícias, 18-06-1889, ano XV, nº 169, p. 1.

Gazeta de Notícias, 19-06-1889, ano XV, nº 170, p. 1.

Gazeta de Notícias, 20-06-1889, ano XV, nº 171, p. 1.

Gazeta de Notícias, 21-06-1889, ano XV, nº 172, p. 1.

Gazeta de Notícias, 30-06-1889, ano XV, nº 181, p. 1.

Gazeta de Notícias, 04-10-1889, ano XV, nº 277, p. 1.

Gazeta de Notícias, 05-10-1889, ano XV, nº 278, p. 1.

Gazeta de Notícias, 06-10-1889, ano XV, nº 279, p. 1.

Gazeta de Notícias, 07-10-1889, ano XV, nº 280, p. 1.

Gazeta de Notícias, 08-10-1889, ano XV, nº 281, p. 1.

Gazeta de Notícias, 09-10-1889, ano XV, nº 282, p. 1.

Gazeta de Notícias, 10-10-1889, ano XV, nº 283, p. 1.

Gazeta de Notícias, 11-10-1889, ano XV, nº 284, p. 1.

Gazeta de Notícias, 12-10-1889, ano XV, nº 285, p. 1.

Gazeta de Notícias, 19-11-1890, ano XVI, nº 332, p. 1.

Gazeta de Notícias, 09-02-1898, ano XXIV, nº 40, p. 5.

Gazeta de Notícias, 17-03-1901, ano XXVII, nº 76, p. 2.

Gazeta de Notícias, 17-05-1907, ano XLI, nº 137, p. 2.

Gazeta de Notícias, 17-11-1907, ano XXXIII, nº 321, p. 3.

Gazeta de Notícias, 05-04-1908, ano XXXIV, nº 96, p. 6.

Gazeta de Notícias, 20-01-1911, ano XXXVI, nº 20, pp. 1-2.

Jornal do Brasil, 18-04-1900, ano X, nº 108, p. 1.

Jornal do Brasil, 10-07-1905, ano XV, nº 191, p. 3.

Jornal do Brasil, 11-07-1905, ano XV, nº 192, p. 1.

Jornal do Brasil, 14-12-1905, ano XV, nº 348, pp. 1-2.

Jornal do Brasil, 15-12-1905, ano XV, nº 349, p. 2.

Jornal do Brasil, 18-12-1905, ano XV, nº 352, p. 2.

Jornal do Brasil, 22-12-1905, ano XV, nº 356, p. 2.

Jornal do Brasil, 23-12-1905, ano XV, nº 357, p. 3.

Jornal do Brasil, 06-04-1908, ano XVIII, nº 96, p. 4.

Kosmos, janeiro-1909, ano VI, nº 1, pp. 41-5.

O Apóstolo, 19-04-1868, ano III, nº 16, pp. 122-3.

O Apóstolo, 14-06-1868, ano III, nº 24, p. 188.

O Apóstolo, 22-11-1868, ano III, nº 47, p. 373.

O Apóstolo, 01-07-1874, ano IX, nº 74, p. 1.

O Apóstolo, 27-01-1875, ano X, nº 20, p. 3.

O Apóstolo, 06-06-1875, ano X, nº 101, p. 4.

O *Apóstolo*, 23-06-1875, ano X, nº 108, p. 4.

O *Apóstolo*, 21-11-1875, ano X, nº 173, p. 3.

O *Apóstolo*, 05-01-1876, ano XI, nº 1, p. 3.

O *Apóstolo*, 03-03-1876, ano XI, nº 49, p. 3.

O *Apóstolo*, 21-07-1876, ano XI, nº 79, p. 1.

O *Apóstolo*, 15-12-1876, ano XI, nº 141, pp. 2-3.

O *Apóstolo*, 19-01-1877, ano XII, nº 7, p. 2.

O *Apóstolo*, 23-02-1877, ano XII, nº 21, p. 3.

O *Apóstolo*, 14-03-1877, ano XII, nº 29, p. 4.

O *Apóstolo*, 16-05-1877, ano XII, nº 55, pp. 2-3.

O *Apóstolo*, 23-05-1877, ano XII, nº 58, p. 2.

O *Apóstolo*, 24-06-1877, ano XII, nº 71, pp. 2-3.

O *Apóstolo*, 27-06-1877, ano XII, nº 72, pp. 2-3.

O *Apóstolo*, 29-06-1877, ano XII, nº 73, pp. 2-3.

O *Apóstolo*, 01-07-1877, ano XII, nº 74, p. 3.

O *Apóstolo*, 07-03-1880, ano XV, nº 26, p. 2.

O *Apóstolo*, 28-03-1880, ano XV, nº 34, p. 3.

O *Apóstolo*, 19-05-1880, ano XV, nº 55, pp. 1-2.

O *Apóstolo*, 04-07-1880, ano XV, nº 72, p. 2.

O *Apóstolo*, 29-12-1880, ano XV, nº 109, pp. 1-2.

O *Apóstolo*, 16-01-1881, ano XVI, nº 5, pp. 1-2.

O *Apóstolo*, 23-02-1881, ano XVI, nº 20, p. 1.

O *Apóstolo*, 10-07-1881, ano XVI, nº 76, p. 2.

O *Apóstolo*, 15-07-1881, ano XVI, nº 78, p. 1.

O *Apóstolo*, 02-12-1881, ano XVI, nº 136, p. 1.

O *Apóstolo*, 31-05-1882, ano XVII, nº 61, p. 3.

O *Apóstolo*, 27-08-1884, ano XIX, nº 96, p. 2.

O *Apóstolo*, 04-11-1887, ano XXIII, nº 24, p. 1.

O *Apóstolo*, 17-03-1895, ano XXX, nº 31, p. 2.

O *Apóstolo*, 19-10-1898, ano XXXIII, nº 121, p. 1.

O *Careta*, 10-04-1909, ano II, nº 45, p. 31.

O *Careta*, 18-12-1909, ano II, nº 81, pp. 22-3, 43.

O *Careta*, 20-07-1912, ano V, nº 216, p. 16.

O *Careta*, 05-10-1912, ano V, nº 227, p. 18.

O *Careta*, 05-04-1913, ano VI, nº 253, p. 23.

O *Careta*, 23-05-1914, ano VII, nº 309, p. 3.

O *Careta*, 11-07-1914, ano VII, nº 316, p. 5.

O *Careta*, 10-10-1914, ano VII, nº 329, p. 13.

O *Careta*, 01-05-1915, ano VIII, nº 358, p. 36.

O *Careta*, 23-12-1916, ano IX, nº 444, p. 13.

O *Careta*, 20-10-1917, ano X, nº 487, p. 24.

O *Cearense*, 02-08-1853, ano VII, nº 650, pp. 1-3.

O *Cearense*, 02-06-1872, ano XXV, nº 45, p. 2.

O *Corsário*, 19-09-1882, ano II, nº 25, p. 4.

O *Corsário*, 25-11-1882, ano II, nº 23, p. 2.

O *Corsário*, 15-03-1883, ano II, nº 68, p. 3.

O *Corsário*, 17-03-1883, ano III, nº 70, p. 2.

O *Corsário*, 27-06-1883, pp. 1-2, ano III, nº 110, pp. 2-3.

O *Espiritismo. Órgão voltado ao estudo da verdade*, 1881, ano I, nº 1-3.

O *Malho*, 11-04-1903, ano II, nº 30, p. 6.

O *Malho*, 13-07-1907, ano VI, nº 252, p. 23.

O *Malho*, 31-08-1907, ano VI, nº 259, p. 18.

O *Malho*, 00-00-1910, ano IX, nº 421, p. 1.

O *Malho*, 08-04-1911, ano X, nº 447, p. 36.

O *Malho*, 29-04-1911, ano X, nº 450, p. 19.

O *Mequetrefe*, 1875, nº 22, p. 7.

O *Mequetrefe*, 1878, nº 151, p. 2.

O *Mequetrefe*, 20-03-1884, nº 338, p. 6.

O *Mercantil*, 07-04-1845, ano II, nº 97, p. 3.

O *Mercantil*, 15-07-1845, ano II, nº 166, p. 4.

O *Paiz*, 16-05-1887, ano IV, nº 953, p. 4.

O *Paiz*, 18-06-1902, ano XVIII, nº 6.462, p. 2.

O *Paiz*, 19-06-1902, ano XVIII, nº 6.463, p. 2.

O *Paiz*, 01-10-1903, ano XX, nº 6.932, p. 2.

O *Programma-Avisador*, 25-11-1884, ano I, nº 115, p. 3.

O *Programma-Avisador*, 08-06-1888, ano V, nº 1247, p. 1.

O *Propagador das Sciencias Medicas*, jan. 1827, ano I, tomo I, nº 1, pp. 377-80.

Revista da Sociedade Academica Deus, Christo e Caridade, 1881, ano I, nº 1, 4-12.

Revista da Sociedade Academica Deus, Christo e Caridade, 1882, ano II, nº 1-7.

Revista Espírita, 1875, ano I, nº 1-6.

Revista Illustrada, nov. 1880, nº 230, p. 2.

Revista Illustrada, nov. 1884, nº 396, p. 6.

Revista Illustrada, fev. 1890, nº 578, p. 7.

Revista Illustrada, ago. 1891, nº 626, p. 2.

Revista Popular, 1859, pp. 49-57, 157-68, 240-4, 275-81.

Semana Illustrada, dez-1863, nº 159, p. 1.266.

Semana Illustrada, mar. 1864, nº 169, p. 1.351.

Semana Illustrada, out. 1872, nº 618, p. 4.939.

Semana Illustrada, out. 1874, nº 709, pp. 5.667-70.

Semana Illustrada, jun. 1875, nº 756, pp. 6.046-7.

Semana Illustrada, jul. 1875, nº 760, pp. 6.074-5.

Este livro foi composto em Adobe Caslon Pro
para a Editora Planeta do Brasil
em julho de 2014.